給料低いのぜーんぶ「日銀」のせい

高橋洋一

ワニブックス
PLUS新書

はじめに

「フルタイムで働いているのに生活が苦しい」
「株価ばかり高くなって、自分の給料には反映されない」

新聞やテレビを見ていると、こうした意見を目にする機会が多い。2020年以降の所謂「コロナ禍」ではますます増えているような気がする。

経団連の中西宏明会長も2021年1月27日、連合とのオンライン会議で「日本の賃金水準がいつの間にか経済協力開発機構（OECD）の中で相当下位になっている」と語っている。

実際、日本の賃金が低いというのは本当だ。詳しくは本編に譲るが、1990年から

30年間で賃金が2倍以上伸びている国が多い中で、日本はほぼゼロなのである。
言うまでもないが、偏った思想をもつ人々が口にする「コロナ禍」はまったく関係ない。数十年間ずっと低いままなのだ。

なぜこれほどまでに伸びないのか。大きな原因のひとつとして挙げられるのが、わが国の中央銀行である日本銀行が長きにわたり、わざわざ賃金が伸びない政策を打ち出してきたことだ。

日銀の話なんて国民には無関係と思っている方は少なくないと思うが、一般企業のサラリーマンの給料や学生のバイト代だって、元をたどれば日銀が左右している。つまり、日銀の動きがどのような意味を持つかということは知っておいて損はないし、だからこそニュースでも取り上げられるのである。

そこで、本書では日銀と一般国民の関係性をテーマとし、日銀が主にバブル崩壊以降に打ち出してきた政策や、賃金が上がっていくしくみについて、基礎中の基礎から解説していく。

読者の中にはご存知の方もいらっしゃるかもしれないが、筆者はこれまでも日本の賃金がなぜ伸びないのか、伸ばすためにはどうすればよいのかといったことについて、あらゆる場で何度も説明してきたつもりだ。

しかし、残念ながら一部の不勉強なマスコミの騒音によってかき消されてしまうことも多く、筆者の考えが広く一般に浸透しているとは言い難い。浸透しないどころか、「リフレ派」などというよくわからないカテゴリで括られ、まるで「過激な主張をする経済学者」のような扱いを受けることもしばしばである。

筆者を批判するだけで経済が良い方向に向かうのであれば、それはそれで素晴らしいことだと思う。だが、現実はそうはなっていない。

本書がマスコミのいい加減な報道に惑わされず、日本社会を正しく読み解くためのツールのひとつとなれば幸いである。

２０２１年5月　高橋洋一

目次

第3章　国民の生活は日銀が握っている

第4章 「日銀史観」が国を亡ぼす

第1章　日本人なら知っておくべき日銀の基礎知識

中央銀行はなぜニュースで扱われるのか

日本銀行（日銀）はどういう機関なのか、役割は何なのか、どんな形で政策が決定されているのか。

編集担当氏によると、本書は「日銀の入門書」としての役割もあるとのことなので、今さらと思う読者もおられるかもしれないが、基本的な点だけをあえてこの章で教科書的に整理したいと思う。

周知のとおり、日銀とは、日本銀行法（日銀法）により定められている認可法人であり、わが国における唯一の中央銀行である。

英国ではイングランド銀行、イタリアではイタリア銀行、フランスではフランス銀行、ドイツではドイツ連邦銀行、カナダではカナダ銀行、国家が集まった欧州連合（ＥＵ）は欧州中央銀行（ＥＣＢ）がこれにあたる。

米国ではＦＲＢ（連邦準備制度理事会）が中心となり、複数の各地区の機関で中央銀行の役割を担っている（ＦＲＢを事実上の米国の中央銀行として定義することも多く、

2019年6月に開催されたG20財務相・中央銀行総裁会議の出席者（写真：朝日新聞社）

本書でもその括りで進めていくことにする）

日銀の総裁は、これら各国の中央銀行総裁と財務大臣が定期的に集まる「財務大臣・中央銀行総裁会議」（G7やG10、G20）に、日本の中央銀行の代表として出席し、経済や金融問題について話し合う立場にある。

当然ながら、これら中央銀行の金融政策は、株式市場や為替相場などを通じ、世界経済に大きな影響を及ぼす。

金融政策を主導する中央銀行総裁の発言が、常に海外の投資家たちから注目されることになるのも当然だ。

たとえば、Aというある主要国の中央銀行の総裁が、「わが国の物価は適正水準より高いと考えている」などという発言をすれば、一部の海外の投資家は「なるほど。であれば、A国はインフレを抑制するために、近いうちに利上げを実施する可能性があるな」と考える。それによって為替相場が大きく動くことになる。

あるいは、そこまで具体的な発言でなくとも、自国の経済について少しでも弱気な見方を示しただけで、「A国が景気の悪化を認めた！」として、やはり相場が動くことにつながるわけだ。

物価の「安定」だけでは経済は発展しない

中央銀行である日銀の目的について、日銀法では「我が国の中央銀行として、銀行券を発行するとともに、通貨及び金融の調節を行うこと」および「銀行その他の金融機関の間で行われる資金決済の円滑の確保を図り、もって信用秩序の維持に資すること」と規定している。

そしてその理念として、「物価の安定を図ることを通じて国民経済の健全な発展に資することを」を掲げている。

すなわち、国の金融機構の中核である中央銀行は、金融政策を通じて、物価の安定と経済の発展に対して責任を負っていると言っているわけだが、実際はこの「物価の安定」に加えて「雇用の創出」も日銀の重要な役割なのだ。

言うまでもないが、物価が「安定」しているだけでは「経済の健全な発展」は実現しない。現に今の日本経済がそうだ。

後述するが、インフレターゲットである物価上昇率２％を達成できないまま、消費者物価指数は一時的な上昇は見せたものの、引き続き「安定」したままだ。結果、デフレ脱却はいまだかなわず、ＧＤＰも上向く気配はない。かつての日銀は、インフレ率をプラスにさせないので、インフレターゲットではなく「デフレターゲット」と揶揄されてきた。

「雇用」を無視してきた日銀

一方、米国のＦＲＢは、物価の安定に加えて、雇用の最大化も２つの任務（dual mandate）であるとして、二枚看板の一つに掲げている。筆者も「金融政策とは雇用を確保する政策である」と常々言い続けてきた一人だ。

しかし、これまで日銀は「日銀の金融政策」と「雇用」との関係性を、ほぼ無視する時代が長く続いてきた。

実際、白川方明・前日銀総裁の時代は、金融政策によって雇用を確保できるという考えがまったく無かったと言っていい。

それどころか、白川氏はデフレとは金融政策で解決できるものではないと公言し、デフレの原因は人口減少にあるとの持論を展開した人物だ。近年発刊された自身の著書の中でも長々とそう論じている。

しかし、世界を見ればわかるとおり、人口減少は続いているのにデフレを脱却している国は多い。氏の唱える「人口説」はとうに否定されているものだ。

　このことは、日銀の政策における重大な誤りであったと同時に、日本経済を著しく悪化させ、国民を不幸に導いた大罪であると筆者は考える。

　しかし、白川氏の著書を見る限り、その反省はゼロだ。これには絶望感を感じるしかない。この点については後述する。

いま一度押さえておくべき日銀の役割

　まず、日銀の役割だが、これは大きく3つに分けることができる。すなわち、①発券銀行、②政府の銀行、③銀行の銀行、以上の3つである。

　まず、①の「発券」とは、いうまでもなく日本銀行券（日銀券＝紙幣）の発行であり、この紙幣を発行できるのは日銀だけだ。

　ちなみに、硬貨は財務省が定めた製造枚数に基づき、造幣局が発行している。つまり、紙幣は日銀が、硬貨は国が発行しているということになる。

　お札を刷れるということは、いわば「無」から「有」を生み出すような話だが、とはいえ、好きなときに好きなだけお札を刷れるというわけではない。では、日銀がどんなときに紙幣を発行するのかというと、日銀が民間金融機関（市中銀行）からたとえば国債を購入する際に、その代金としてお札を刷るのである。

国債についても（52ページ）以降で詳しく触れたいと思うが、「紙幣の発行」に直接的に関係するため、ここでも簡単に説明しておく。

政府が国を運営していくには、法人税や所得税、消費税など、企業や国民がおさめる税金で予算を組み立てる必要があるわけだが、実際は税収だけでは足りないことのほうが多い。というより、税収だけで年間の予算がすべて賄えることは現実には無いと言っていい。

「借金」を否定的に捉えすぎている

したがって、税収で足りない分は国債を発行して補うというのが原則的な考え方だ。国債は借金でもあるので、償還期限が来たら利息をつけて返すことになる。

政府が発行した国債は民間金融機関が購入し、日銀はその民間金融機関から時価で買い上げるというのが原則だ。

日銀が民間金融機関から国債を購入する際に、その代金としてお札を発行する（またはその代わりに日銀当座預金を民間銀行が持っていつでもお札をもらえるようにする）。日銀が10億円の国債を買い上げれば、日銀が新たに刷った10億円のお金が民間金融機関に渡り、これによりマネタリーベースが増加することになる。

借金をして事業を運営すると聞くと、「企業が銀行から融資を受けて設備投資などを行うのと似ているな」と感じる方も多いのではないだろうか。そのとおり、基本的には同じなのだ。

企業が融資を受けて（借金をして）事業を展開するのと、政府が国債を発行して（借金をして）国家を運営するのは、基本的には同じことなのである。

もし、企業がいっさいの借金をしなくなれば、事業はやがて縮小していき、企業活動も縮小していくことになるだろう。

それとは逆に、メインバンクから融資を受けて設備投資を積極的に行い、経営の規模を拡大していくことは、企業の在り方として望ましいことだ。

政府が国債を発行するのも、考え方としてはまったく似ているのだが、なぜかこれを否定的に捉え、「借金は悪いこと」「財政が破綻する」などと煽る人が、一般の人だけでなく、金融の専門家や日銀内部にも多いのだ。

「半径1メートル思考」を国に当てはめるな

経済学には「合成の誤謬」という言葉がある。

これは、ミクロ経済学とマクロ経済学の説明は、必ずしも一致しないという考え方から生まれている。

ミクロ経済学は個人の家計や企業の経済行動を分析するが、マクロ経済学は雇用や所得、経済成長など、国や世界の経済全体を分析する。

要するに、個人レベルで考えれば正しくても、それを全員が同じようにやったら正しい結果にはならないということだ。

一般家庭の主婦や主夫の方が、日々倹約して家計を切り詰め、「借金なんか絶対にしない！」との決意でやりくりするのは、ミクロの視点で見れば「正しい」と言っていいだろう。

しかし、それを一国の経済というマクロの世界に押しつけようとすると、途端に論理が破綻して話が行き詰まってしまう。

個人レベルで友人や消費者金融からお金を借りて、飲み歩いたりバッグを買ったりすることと、国が融資を受けて公共事業を行い、雇用を創出することとは、まったく次元が異なる話なのだ。

筆者はこういうとき、よく「半径1メートルの思考で世の中全体を見てはいけない」と言っている。

「半径1メートル思考」の人は、家計の倹約を絶対的にいいこととして捉えすぎ、それが転じて、「どんな借金でも悪は悪だ」「お金を借りる行為は絶対悪なのだ」という短絡思考にはまってしまう。

どの企業もそれなりに借金している

決算報告で公開される企業の財務諸表を見てみると、どの企業もそれなりの借金を抱えていることがわかる。

それを見て「この会社は借金がこんなにあるのか」「経営的に危険だ」などと考えるのはあまりに稚拙で、人前でいうと恥をかくので口にしないほうが賢明だ。

問題は借金の額ではなく、その借金を返せるだけの資産があるか無いかだ。ゆえに貸借対照表（バランスシート）には「資産」と「負債」「純資産」が一目瞭然でわかるように、左右に並んで記されている。

極論すれば、借金を返せる（借金に見合う）だけの資産があるならば、いくら借りてもまったく問題は無い。

その点は実は個人レベルにも言えることだ。年収５００万円の人がローンを組んで一軒家を購入することは、はたして悪なのかということだ。

もちろん、住居を賃貸にするか、分譲にするかは個々の人生観で決めればいい話だが、少なくとも安定した企業に定職を持つ人が、住宅ローンを組むことを「借金は悪だぞ！」などと批判する人はいないだろう。

これと同じことが企業にもいえる。銀行から融資を受けて生産設備を新しくし、生産能力を高めたり、コストを削減したりすることで、その企業は業績を拡大していくことができる。

また、民間投資以外でも、国や地方公共団体が行う公共投資も設備投資の一種だ。これらはＧＤＰを構成する重要な数字で、景気に大きな影響を与える。

国債もまったく同様だ。経済にうとい一般の人だけでなく、マスメディアや財務省も、「政府の国債発行残高がここまで膨らんでしまった」「このままだと危険だ」などと煽っているが、これでは半径１メートルの視点で騒いでいるようなものだ。

いずれにせよ、この国債については誤解があまりにも多いので、詳しくは後述するとし、ひとまず「国債を発行しても一定の範囲なら財政は破綻しない」という事実を、ここで押さえておいてほしい。

日本銀行券という「紙切れ」が価値を持つ理由

せっかく紙幣の発行について話が出たので、この「日銀券」についてもう少し触れておこう。

もともと日銀券とは、日本の金融制度がまだ「金本位制」だった時代に、「金」や「銀」と交換できる、いわば保証書のようなものとして発行されたのがはじまりだ。

国民は100円の日銀券を持っていれば、いつでも日銀へ行って100円分の金や銀と交換できた。だからこそ日銀券を信用して持っていられたわけだ。

見方を変えれば、国民は金や銀を日銀に預けていたようなもので、その金や銀との交換を保証する証文のような存在が日銀券、すなわちお札だったのである。

日本は1917年9月に金本位制を停止したので、今はそのような役割は、制度上はなくなっている。しかし、5千円札や1万円札の価値を日銀が保証しているという意味においては同じことなのだ。

紙幣の製造コストを日銀や政府は明らかにしていないが、おそらく数十円レベルだとも言われている。中央銀行の信頼がなければ、お札そのものにその程度の価値しかないといえる。

日銀が価値を保証してくれない券は、ただの数十円で作られた紙であり、日銀が「その券はこの国で1万円の価値がありますよ」と保証しているからこそ、わたしたちは安心して日銀券を保有していられるのである。

民間金融機関は日銀の代理店

日銀は「政府の銀行」としての役割も担っている。われわれ国民は自分のお金を市中の銀行などに預けるわけだが、政府のお金（政府預金）は日銀へ預けられる。

政府預金（日銀では国庫金と呼んでいる）、すなわち国民が納めた税金や社会保険料などは、郵便局の窓口などを経由して、最終的には日銀の口座に集められるわけだ。

「最終的に集まる」とあえて書いたが、実は日銀に直接払いに行ってもいい。知らない人も多いようだが、日銀では、国の税金や社会保険料、交通反則金などの国庫金を本店や支店で、業務として直接受け入れている。

実際には、民間金融機関や郵便局が日銀の「代理店」となって取り扱いを行っており、そちらを利用する人がほとんどではないかと思うが、もし面倒でないなら、直に日銀で払っても方法論としてはかまわないのだ。

日銀では、このように国民と国との間での国庫金の受け払いを行う出納事務と、政府預金の受け払いを行う資金計理事務、さらには国庫金の受け払いを官庁別や会計別に取り扱う計算整理事務、以上3つの事務を行っているとしている。

政府の銀行と言われる所以

つまり、日銀は政府のお金を預かるというだけでなく、政府の財務処理などを行う「政府の事務方」としての役割もあるということだ。実はこれは、日銀と政府の関係性を示すうえで重要なポイントなのだが、これについても後述したいと思う。

一方、政府が公共事業を行ったり、年金を支払ったり、公務員の給与を支払ったり、あるいは国債の元金や利子を支払う際は、当然ながらこの日銀の口座から支出されている。

つまるところ、政府のお金はすべて日銀に入り、日銀から出る。日銀とは政府の金庫のようなものであり、すなわち「政府の銀行」であるということだ。そのほか、国債や外国為替関連の事務の一部も政府から委託されている。

ちなみに、日銀の公式サイトによれば、２０１９（令和元）年度における政府預金の受け入れは６１９兆円（１・３億件）で、支払いは６２４兆円（３・４億件）である。

日銀は「銀行の銀行」

日銀の３つめの大きな役割は、「銀行の銀行」であるということだ。わたしたち国民は民間の金融機関に口座を開設し、そこにお金を預けているわけだが、その民間金融機関は集まったお金の一部を日銀の当座預金へ預けている。

日銀に口座を開設できる機関、すなわち当座預金取引の相手方については、「日本銀行の当座預金取引または貸出取引の相手方に関する選定基準」に基づいて選定されるが、主として国内の都銀や地銀、信用金庫などの金融機関であり、加えて各銀行協会や証券会社、資金清算機関、外国の中央銀行や国際機関などだ。

ちなみに2021年4月1日現在、その数は513機関と公表されている。言うまでもなく、個人や一般企業からの預金は受け入れていない。

選定基準については日銀が公式サイトで詳細を公開しているので、興味がある人は見てみるといいだろう。

金融機関は、互いにお金の貸し借りを行ったり、日常的に国債を売買しあったりしているわけだが、その際に利用されるのが、この日銀の当座預金口座だ。

日銀が民間金融機関から国債を購入する際も、この当座預金口座へ日銀からの入金が行われる。

日銀の当座預金

もっとも、厳密にいえばこの場合、民間金融機関が日銀に持つ当座預金の数字が増えるだけ。その額をいつでも日銀券で支払うと約束しているだけで、この時点ではお札は刷ってはいないが、実質的に日銀券を発行したことと同じだ。

また、一般の国民が自分の預金口座から他人の口座へ振り込みをする場合も、金融機関同士の資金決済はこの口座で行われている。

たとえば、ある人がA銀行からB銀行へお金を振り込む。逆に、B銀行からA銀行へ振り込む人もいるだろう。そうした取引が一日の間に無数に行われ、結果的にその日はAからBへ2億円の移動があったとする。その場合、その差額の2億円はA銀行とB銀行の、日銀の当座預金の口座に記録されることになる。AとBという銀行同士の資金決済も、日銀の当座預金の口座で行われているのである。

日銀とは、銀行に資金を貸し出している銀行であるうえ、銀行間の決済も仲立ちする銀行という意味で、「銀行の銀行」というわけだ。

このように、日銀には「発券銀行」、「政府の銀行」、「銀行の銀行」という3つの大きな役割があることがおわかり頂けたと思う。

金融政策の代表的な手段

さて、こうした役割を担いながら、日銀は中央銀行として物価を安定させ、雇用を創出するために、金融市場に流れる資金量を調節するための政策を執り行う。

その金融政策を決定する最高責任者が日銀の総裁であることは言うまでもない。総裁が誤った認識で方針を掲げていたら、雇用の創出は困難ということだ。

金融政策の代表的な手段としては、「政策金利操作」、「公開市場操作」、「預金準備率操作」とここでも大きく3つに分けることができる。

それぞれを端的に説明すると、まず一つめの「政策金利操作」は、日銀が市中銀行にお金を貸し出す際に、基準金利を変化させることで、市中銀行から企業への貸出資金量を誘導するというものだ。

政策金利と市中銀行の金利

かつては、日銀から市中銀行にお金を貸す基準金利＝政策金利（公定歩合）に連動して、市中銀行の貸出金利や預金金利も決まっていた。

簡単にいえば、日銀が基準金利を下げれば、市中銀行が企業に融資する際の利率も下がり、企業は銀行からお金を借りやすくなる。

そうなると、世の中に出回っている通貨量、すなわちマネーストックが増え、一般的には景気が良くなり、物価は上昇していく。もちろん、実際の経済はそんなに簡単には動かないが、長期的な視点で見れば論理としてはそういうことだ。

したがって、日銀はこの公定歩合を上げたり下げたりすることで、市中銀行の利率をコントロールし、インフレやデフレに誘導を図っていた。

ある年齢以上の方であれば、中学校の公民の授業で「公定歩合を下げればインフレ（金融緩和）に、上げればデフレ（金融引き締め）になる」と習ったのではないだろうか。

無担保コール翌日もの

しかし、1994（平成6）年に、それまで横並びだった普通預金の金利が自由化され、各銀行が金利を自由に設定できるようになった。

各行が自由に金利を定めることができるようになったため、公定歩合と市中銀行の金利とが連動しなくなったのだ。

このため、金利の自由化以降は、銀行同士が短期でお金を貸し借りする際の金利、「無担保コール翌日もの」（無担保コールレート、オーバーナイトもの）が公定歩合に代わって政策金利とされている。

この無担保コール翌日ものとは、銀行同士で「今日借りて明日返す」というような1日満期のお金の貸し借り（無担保）をする際の利率のこと。こうした超短期でのお金のやり取りが、市中銀行同士で毎日のように行われているのだ。

日銀は、この無担保コール翌日ものの貸し手として資金供給をしたり、借り手として資金を吸収したりすることで、無担保コール翌日ものの金利を操作することがある。

マネーの量を増減させると起きること

続いて、「公開市場操作」だが、これは日銀が金融市場で国債や手形などの有価証券を売ったり買ったりすることで、マネタリーベースを増減させ、ひいては市中のマネー量、すなわちマネーストックを増減させるものだ。

このオペレーションの種類は大きく2つある。一つは、日銀が市中銀行の国債を買い入れたり、資金の貸し付けを行ったりすることで、金融市場に資金を供給するオペレーション（買いオペ）だ。日銀が市中に資金を供給して金回りを良くする操作で、今の日本にもっとも必要な金融政策といえる。

国債の購入がその最たるものだが、昨今話題になることが多い日銀のＥＴＦ（上場投資信託）買い入れや、ＣＰ・社債の買い入れなども買いオペの一つだ。

もっとも、筆者個人は「ＥＴＦなんかに手を出す暇があるなら国債をもっと買え」というスタンスなのだが、これについては後述する。

一方、買いオペと真逆な方法が、金融市場の資金を吸収するオペレーション（売りオぺ）だ。

過熱した景気を抑制するために、日銀が保有する国債などを金融機関などに売却して資金を吸収。これにより、市中のマネーの量を減らすというものだ。

マネーの量が減少すれば金利は上昇し、お金の流れが抑制され、物価は下落。売買や投資も抑制され、不動産価格も下がる。

その結果、デフレ圧力がかかることになる。今の日本でこれをやるのが、自殺行為であることは容易に理解できるだろう。

今必要なのはお金をばら撒くこと

わかりやすくいえば、「買いオペ」をやれば、日銀が国債を買うので民間金融機関の資金量が増え、市中のマネー量も増えて景気は良くなる。

逆に「売りオペ」をやれば、これと反対の原理で市中のマネー量は減り、過熱した景気を抑え込むことになる。

FRB議長時代のバーナンキ氏（写真：朝日新聞社）

今の日本経済に必要なのは、言うまでもなく「買いオペ」だ。早い話、市中にお金が回るのなら、何を買ってでもお金をばら撒いたほうがいいということだ。

２００８年の世界的な金融危機（リーマン・ショック）の際、米国のＦＲＢはいち早くゼロ金利政策を導入。それだけにとどまらず、国債を大量に買い取る量的緩和政策も導入した。

米国以外の先進各国でも量的緩和を進めた中、世界で日銀だけがこの動きに取り残されたのは記憶に新しい。元ＦＲＢ議長のベン・バーナンキが、「日銀はケチャップだろうが何だろうが買えばいい」と語ったというエピソードは有名だ。

元FRB議長から学んだこと

筆者はプリンストン大学の客員研究員時代、当時まだ同大の教授だったバーナンキから経済学を学んだ一人だが、もちろん、彼は冗談で「ケチャップ」を例に挙げただけで、本気で「ケチャップを買え」と言ったわけではない。

要するに、マネーの量を増やすためなら、何でも買わないよりは買ったほうがいい、それだけ何かを買って、マネー量を増やす努力をせよと言っているのだ。

言い換えれば、日銀がデフレ脱却のための量的緩和をまったく行っていないと示唆したわけだ。

先述したように、市中に出回るマネーの量を増やすためには、何を買ってでもお金をばら撒いたほうがいいということ。それを行うには、ケチャップではなく市場規模がもっとも大きいものが効果的だ。すなわち、国債を買うのが方法として一番いいということとである。

準備預金制度はほとんど利用されていない

３つめは「預金準備率操作」である。民間銀行は、将来的に資金繰りが悪化した場合の預金の払い出しに備えて、預金残高の一定割合を法定準備預金として日銀に預けておかなければならない（無利子）決まりがある。

これを支払準備制度といい、この割合のことを、支払準備率あるいは預金準備率、法定準備率、あるいは単に準備率などと呼ぶ。この支払準備率については、日銀の政策委員会が金融政策決定会合において決定する。

金融政策における支払準備率操作とは、日銀がこの準備率を上げたり下げたりすることで、民間銀行が貸出しに回せるお金の量を調節することをいう。

要は、準備率を引き上げれば民間銀行の資金が減少するため、市場に流通する資金量は減少。一方、準備率を引き下げれば、逆の論理で市中のマネー量は増加するという考え方だ。

もっとも、短期金融市場（一般に期間1年以内の短期の資金取引市場）が発達した現在では、この準備預金制度は金融政策としてはほとんど利用されていない。実際、日銀の政策委員会でも支払準備率は１９９１（平成３年）年から変えていないが、一般に代表的な金融政策３つのうちの一つとして認知されているため、ここで紹介しておくこととする。

日銀の方針はいつ、どこで決まるのか

日銀が中央銀行として、物価の安定と雇用の創出のために、金融政策の決定と実行にあたっていることをここまで述べてきた。

では、その政策の方針はどのように決まるのか。それは、日銀の最高意思決定機関である政策委員会が、年８回（各２日間）集まって集中審議する「金融政策決定会合」の場においてである。

2020年7月に行われた金融政策決定会合の様子（写真：朝日新聞社）

かつて会合は年14回行われていたが、黒田東彦氏が2013年に第31代総裁に就任。その2年後の2015年から、「量より質」という方針で、欧米中央銀行並みの8回に減っている。

そのうち、年4回（通常は1月、4月、7月、10月）の会合で審議および決定された内容が「経済・物価情勢の展望」として公表されている。

ちなみに、この展望レポートの公表はかつて年2回にとどまっていたが、会合の回数を減らす代わりにレポートの公表が倍に増やされた形だ。

議事録は10年間非公開

政策委員会は、総裁と2名の副総裁、および6名の審議委員による計9名で構成され、議決は多数決により行われる。任期は、総裁、副総裁、審議委員ともに一期5年。

現在のメンバーは、大蔵省（現・財務省）出身の黒田東彦総裁（2期目）をはじめ、日銀生え抜きの雨宮正佳副総裁、量的緩和の強化を早くから唱えていた若田部昌澄副総裁、以下審議委員として政井貴子氏、鈴木人司氏、片岡剛士氏、安達誠司氏、中村豊明氏、野口旭氏が就任している（2021年5月1日現在）。

いずれの人事も、日本銀行法第23条第1項に基づき、国会の衆議院および参議院の同意を得たうえで、内閣が任命する。

金融政策決定会合で議決された内容は、会合の終了後に速やかに公表されるが、どのように議事が進められたかが記録された議事録については、各会合から10年を経過するまで公表されない。

したがって、現在公表されているもっとも直近の議事録でも、2010年のものである。この10年非公開というスパンは、海外の中央銀行と比べてもあまりに長い。筆者個人は5年くらいに短縮すべきと考えている。

財務省との関係

政府と日銀の関係についてだが、財務大臣や経済財政政策担当大臣が会合に出席し、意見を述べたり、議案を提出したりすることができる。

また、議決を次回の会合まで延期することを求めることもできるのだが、大臣には議決権はない。このため、議決延期の求めが大臣から出た場合は、政策委員が多数決で採否を決定することになる。

政府と日銀の関係性について、もう一つ重要な点を付け加えておく。日銀法第3条第1項では、「日本銀行の通貨及び金融の調節における自主性は、尊重されなければならない」として、金融政策の独立性について定められている。

また、同第5条第2項では、「日本銀行の業務運営における自主性は、十分配慮されなければならない」として、業務運営の自主性についても定められている。

日銀には「金融政策の独立性」と「業務運営の独立性」が認められているわけだ。これは他国の中央銀行に比べても、きわめて高い独立性ということができる。

しかし、どういうわけかこれを曲解し、政府方針に従う日銀を「国のいいなり」と批判し、政府への協力を拒む日銀総裁を「独立性を守っている」「立派だ」と称賛する人たちが、専門家と呼ばれる人たちの中にも多いのは理解しがたい。

事実、黒田総裁が就任する前の日銀、すなわち白川方明総裁時代の日銀は、この「独立性」を盾にとって、政府方針にそっぽを向く性格が極めて強かったのだ。

「独立性」を勘違いしてきた結果が今の惨状

日本経済の最大の課題がデフレ脱却であるにもかかわらず、当時の日銀はデフレ解消のための金融緩和に一貫して消極的で、結果的に世界に例を見ないほどにまでデフレを長期化させてしまい、今に至っている。この罪は極めて重い。

勘違いしてはいけないのは、中央銀行の独立性とは「手段」に関する独立性だ。目的はあくまで政府が掲げる目標の達成である。

中央銀行が政府の意向を無視して、「好き勝手に目標を定める独立性」など認められているはずがない。そのような中央銀行は世界のどの国にもない。考えてみればわかることだ。

中央銀行の方法論としての独立性については、なにも日本に限った考え方ではなく、国際的な常識からいって当然のことなのだ。この「白川日銀」と「黒田日銀」の比較検証については3章であらためて述べたいと思う。

いずれにしても、日銀には高い独立性が認められているが、その独立性とは手段や方法の独立性であり、あくまで国の描いた方針に沿って政府とタッグを組みながら、政策を決定・実行していく責務が日銀にはあるということだ。

第2章　日銀と国債の知られざる関係性

国債に対する誤解を解く

日銀が「発券銀行」であること、そして紙幣を発行するときが「日銀が市中銀行から国債を購入するとき」であるということは1章で述べたとおりだ。

また、金融政策として日銀が国債を買い入れることで、市場に資金を供給するオペレーション（買いオペ）が、デフレ脱却へ向けた重要な金融政策であることも、大枠は前章で理解してもらえたと思う。

ところで、量的緩和策である日銀の国債購入については、「借金は悪いこと」「インフレになる」ことを理由に、いまだ批判的な声が多いのも事実だ。

しかし、それはマクロ経済をまったく理解していない人たちの考えであり、あきらかな誤解であることを本書を読んで知っておく必要がある。

実際、国債についてはとにかく誤解が多い。筆者の感覚では、決して大げさでなく、8割から9割の人が国債とは何かを理解できていないと見ている。

これはなにも、一般読者に対してだけ厳しく言っているのではない。再三言ってきたように、金融の専門家や日銀の職員、さらには元日銀の総裁だった人物（つまりは白川氏）にも言えることなのだ。

デフレ脱却へ向けた日銀の役割を知るうえで、国債を知っておくことは必要不可欠だ。それにもかかわらず、国債に対する誤解が大きいのは残念というしかない。

そこで、本章では日銀と国債の関係について詳しく触れていきながら、あわせて日銀の役割も理解していただきたいと思う。

銀行や投資家は政府にお金を貸している

先述したように、政府が国を運営していくために、法人や個人が納めた税金で予算を組み立てているわけだが、実際は税収だけでは足りないことが多い。

税収で財政支出を補いきれない場合、政府は国債を発行する。わかりやすくいえば、政府が借金の申し出を公表し、これに賛同した人たちが国債を購入する。

ここでいう「賛同する人たち」とは、主に銀行や信用金庫、証券会社などの民間金融機関、そして国内外の大口投資家だ（金融機関を介せば個人でも購入は可能）。

つまり、銀行や投資家らは日本政府にお金を貸し出しているのであり、国債はその借用証書のようなものといえる。

令和3年度の国債発行額

仮に政府が「来年度はこういう事業をしたいが50兆円足りない」ということになれば、その年度は財務省が50兆円の国債を新規に発行することになる。厳密には、財務省がその年度の国債発行計画を立て、閣議決定を経て予算化される。

財務省のホームページを見ると政府予算の内訳が公開されているが、歳入を見ると「税収」と「公債金」に大きく分かれていることがわかる。この「公債金」が国債発行に伴い国庫に入るお金ということだ。

ちなみに、２０２１（令和３）年度一般会計（当初予算）の歳入の構成を見ると、公債金は43兆５９７０億円で歳入全体の40・９％、税収（租税及び印紙収入）が57兆４４

８０億円で同53・95％、残りが「その他収入」（同５・２％）となっている。

財務省は令和３年度、約43兆円の国債を発行することになるわけだが（実際は年度途中の補正予算でさらに増える可能性もある）、一度に43兆円を調達することは不可能だ。したがって、財務省は計画に沿って国債を毎週のように発行し、それを売りながら一年かけて少しずつ調達していくことになる。

国債の売買はどのように行われているのか

財務省と民間金融機関との間で行われる国債の売買は、常に入札（オークション）という形で行われる。財務省が「〇年もの国債を〇億円発行する。ついては入札をこの日に行います」と決定すると、その旨を民間金融機関に通知する（ホームページ上でも「入札カレンダー」として公開している）。

たとえば、令和３年４月28日の「２年利付国債の入札発行」という通知には、表面利率が年０・００５％、発行日が令和３年５月６日、利子支払期が毎年５月１日及び11月

1日、償還期限が令和5年5月1日、発行予定額が「額面金額で3兆円程度」などの入札情報が記されている。

民間金融機関がこれを買いたいと思えば、「うちはこれだけ購入します」と入札に参加するわけである。

入札の方法

入札の方法は主に「コンベンショナル方式」と「ダッチ方式」というやり方が併用されているが、本書では詳細を省く。詳しくは財務省のホームページなどを見ていただくとして、どちらも市場のセリやネットオークションなどと基本的に同じといえばわかりやすいかもしれない。

国債の入札は多数の金融機関が参加して行われるが、ヤフーオークションのように買いたい人が値付け競争をしながら、値が吊り上がっていくようなことはない。

入札額を提示できるのは、各金融機関とも一回だけ。その額で買えるか買えないかが決定する。

入札が出そろったら、財務省は応札された札について、価格が高いところから順に落札となり、落札合計額が発行目標額に達した時点で打ち切られる。

ちなみに、国債の最低申込単位は100円なので、応札する際は「100円2銭」とか「100円3銭」といった非常に小幅での熾烈な競争となる。

たとえば、額面金額が10万円で、額面金額100円あたりの発行価格が100円15銭の債券を購入する際、必要となるお金は10万150円。この額面が償還期限を迎えると戻ってくることになるわけだ。

国から直接購入するのは禁じ手なのか

このように、財務省が発行した国債は民間金融機関が入札を経て購入し、日銀はこの民間金融機関から国債を時価で買っている。

しかし、デフレ脱却へ向けて市中のマネー量を増やすには、なにも間に市中銀行を挟まずとも、日銀が国から直接購入する（日銀引き受け）形をとればいいと考える方も多いと思う。

しかし、これは日銀法財政法第5条により、原則として禁止されている。その理由について財務省はホームページ上で次のように説明している。

「中央銀行がいったん国債の引受けによって政府への資金供与を始めると、その国の政府の財政節度を失わせ、ひいては中央銀行通貨の増発に歯止めが掛からなくなり、悪性のインフレーションを引き起こすおそれがあるからです。そうなると、その国の通貨や経済運営そのものに対する国内外からの信頼も失われてしまいます」

この理屈を「国債の市中消化の原則」と言い、日銀はあくまで金融市場をとおして国債を購入することが原則とされている。

このため、政府が日銀引き受けを提案すると、マスメディアや識者は概して「禁じ手だ」「インフレになる」と批判することが多い。しかし、日銀引き受けは限定的ながら、実際には毎年行われている。

財政法5条には、ただし書きとして「但し、特別の事由がある場合において、国会の議決を経た金額の範囲内では、この限りでない」と規定されており、保有している国債のうち償還期限が来たものについては、国会の議決を経た金額の範囲内で国による借り換えに応じているのだ。

たとえば、日銀は２０１９年12月付け「令和２年度中に償還期限の到来する本行保有国債の借換えのための引受けに関する件」という通知の中で、「償還期限到来国債のうち、利付国債額面総額２兆２０００億円について、割引短期国債をもって、借換引受けを行うこと」と公表している。

日銀引き受けが行われてもインフレにならない

原則は原則として、あくまで限定的に日銀引き受けは行われているわけだが、これをもってメディアが煽るインフレが起こる気配はない。

中には、こうした事実すら知らずに「禁じ手だ」「絶対にやってはいけない」と唱える人が多いのは困ったものである。「日銀引き受けなどしたら大変なことになる！」と騒いでいる人に、「毎年行われていますよ」と教えてあげたら、一体どんな顔をするのだろうか。いずれにせよ、日銀は通常、民間金融機関から国債を購入し、この売買が金融緩和策の一環として行われ、一般に買いオペや量的緩和と呼ばれることは何度か述べてきたとおりだ。これを繰り返すことで、世の中にお金がより多く出回り、景気回復の糸口になる。

2008年にリーマン・ショックが起きたとき、日本以外の先進各国の中央銀行が、いち早く国債を大量に買い取る量的緩和政策も導入し、早くに不況を脱出したのも先述したとおりだ。日本政府と日銀が、今以上に量的緩和を進める必要があるのは言うまでもない。

量的緩和の進め方

量的緩和の仕組みは概ね以下のとおりだ。日銀が「銀行の銀行」としての役割を担い、民間金融機関が日銀に当座預金の口座を設けていること、そして互いにお金の貸し借りをしたり、国債を売買したりする際にこの当座預金口座が使われていることは先に述べたとおりだ。

つまり、日銀がA銀行から国債を1億円購入すると、A銀行が日銀にもっている当座預金の口座に1億円が振り込まれる。

A銀行とすれば、そのお金を口座に置いたままでは利益は1円も生まれないが、誰かに貸せば利子収入を生み出すことができる。

そこで、民間企業などに積極的に融資をしようと試みる。こうした動きが他行にも広まると、競争原理が働いて金利は必然的に下がっていく。

金利が下がれば借り手にとってもお金をより借りやすくなり、企業側も積極的に融資を求め、それを元手に設備投資などを行う。この結果、世のなかに出回るマネーの量は徐々に増えていく。

ちょうどいいインフレ

物価は「お金の量」と「モノの量」で決まるというのが原則だ。簡単にいえば、お金の量が増えれば、以前よりお金のほうがモノより相対的に多くなるため、モノの値段は上がり、経済はインフレに動く。

もちろん、戦後の日本やドイツのように、物価が何十倍にも上がるハイパーインフレーションになってしまえば大変だが、今の日本のようにデフレ不況においては、これが景気の回復への糸口になる。

いわば「ちょうどいい程度のインフレ」、すなわち2%のインフレターゲットを起こそうとして、国や日銀は緩和策をとり続けているのである。その主たる方法が国債の発行と日銀による買い上げということだ。いわゆる「アベノミクス」が目指していたのは、まさにこのことである。これについては3章で述べることにする。

日銀の独立性はあくまで「手段」に関するもの

政府（財務省）が国債を大量に刷り、それを日銀が大量に買うことで、市中にお金が出回り、マネタリーベースが増加することはわかったと思う。

とはいえ、国債は政府の借金なので利息がつくし、期限がきたら元本を返済する必要があるのは当然だ。

実際、政府は国債を入札して買ってくれた金融機関に、一定の利率で利払いをしている。

たとえば、55ページで紹介した2年もの国債では、表面利率が年0・005％で、2年後の償還期限が来るまで、毎年5月1日と11月1日に利息が支払われることになる。この場合、「貸し手」は民間金融機関、「借り手」は政府だ。

一方、民間金融機関が国債を日銀に売却すると、「貸し手」は日銀になる。今まで政府がA銀行に支払っていた利息は、こんどは日銀に支払われることになる。ここで正しく理解しておかなければならないのが、政府と日銀の関係性である。

中央銀行の日銀の独立性が、日銀法によって担保されていることはすでに述べたが、その独立性とは「手段」に関するものであり、あくまで政府が掲げる大方針に沿って金融政策を行わなければならないことも、併せて説明したことと思う。

また、日銀の仕事には、国債の入札や発行に係る手続き、あるいは政府の財務処理など、「政府の事務方」としての仕事も多い。

32ページで、日銀が政府の出納事務、資金計理事務、計算整理事務の３つの事務を行っているとしたとおりである。

人事も予算も政府が握っている

また、日銀トップの人事は国会の同意を得て内閣が任命するため、国が認めない総裁の就任はありえない。２名の副総裁および政策委員会（日銀の最高意思決定機関）を構成する審議委員６名も同様だ。

予算についても、日銀は経費予算を毎年度独自で作成しているが、これも一部を除いて政府（財務大臣）の認可を受けなければならない。つまり、人事も予算も政府が握っているのである。

また、日銀が出資する証券の保有者も、政府保有が過半数を占める。日銀の出資証券とは、日銀に対する出資の持ち分を表す有価証券のことで、日銀法第8条により、日銀の資本金は1億円、うち55%が政府から、45%が民間からの出資となることが定められている。

役員任命権と予算認可権が国にある以上、どう考えても政府のコントロール下にあると考えるのが自然だ。さらに過半数の出資証券を国が持っているのだから、民間企業で言えば「親会社」と「子会社」の関係といえる。

政府に背を向けるほうがおかしい

こういうと、「出資者に議決権の行使は認められていないから子会社とはいえない」と反論する人もいるが、無理のある話だ。

役員任命権と予算認可権を政府が握っているのだから、民間の感覚でいけば子会社と考えるしかない。そもそも、経済学でも日銀と政府を「統合政府」と一体のものとして分析しているのだ。

先述したように、白川総裁時代の日銀のように、独立性を盾にとって政府方針に背を向け、協力を拒むことなど到底許されるはずがないのは、こういう点からもおわかり頂けることと思う。

通貨発行益は国に納められる

さて、日銀が国債を購入するために紙幣を発行すると、「通貨発行益」と呼ばれる利益が発生する。仮に1万円の紙幣1枚を刷るのに20円のコストがかかるなら（このコストについて財務省は公開していない）、その差し引き、つまり9980円が通貨発行益になる。

これは、ほぼ通貨発行額に等しいもので、言葉は悪いが大変な儲けになる。実際、日銀の利益の大部分がこの通貨発行益である。

では、日銀が得たこの通貨発行益はどこへ行くのか。実はほぼ丸々すべてが「国庫納付金」として国に納められるのだ。

日銀法第53条では、日銀が得た最終的な利益は一部を除き、国民の財産として、国庫納付金として納付されると定めている。

最終的には国民に還元される

もう少し細かくいうと、日銀は各事業年度終了後2カ月以内に国庫納付金を納めることになっており、この納付金は一般会計の歳入金（税外収入）となり、最終的には一般会計の歳出を通じて、国民に還元されるという仕組みだ。

これは日本だけで採用されているやり方ではなく、海外の主な中央銀行でも、ほぼ同様の制度が設けられている。

通貨発行益が、国が中央銀行に対して独占的に銀行券を発行する権利を与えていることで生じるわけだから、当然のことともいえよう。

いずれにせよ、重要なのは、国債の利子収入（通貨発行益）は丸々が日銀の収入となり、そのお金は年度が終わって2カ月のうちに、国庫納付金として丸々国に戻るということ。そしてその通貨発行益は、長い目で見ればほぼ通貨発行額に等しく、その発行益で国の借金を消しているというわけだ。

日銀が国債を買うと円安になる

ここまで読んできて、日銀と国債と政府の関係性がわかってきたと思う。それを簡略化して示したのが左の図だ。

このように、日銀が国債を民間金融機関から購入し、民間金融機関の資金を増やすことで、こんどは民間企業への融資や投資を活発化させるのが、「買いオペ」であり「量的緩和」である。

また、日銀が国債を購入すれば通貨発行益がたくさん生まれ、それが国庫納付金とし

図1　日銀の国際利子収入はそのまま政府の税外収入になる

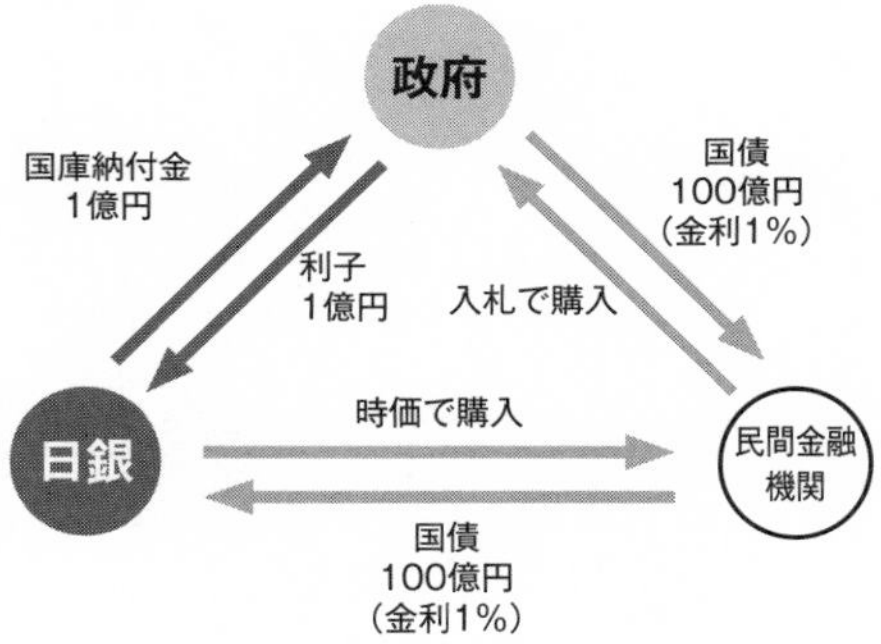

てすっぽりと国に納められる。政府はこれを公共投資などに投入し、雇用の創出にもつながり、失業率は低下するというのが、金融緩和策の大きな流れだ。

国は大胆に国債を発行し、日銀はそれを大胆に引き受け、得た利益を国に戻し、最終的には国民に還元するということだ。

実はこの金融緩和策は、為替相場にも大きく影響する。

結論を先にいうと、日銀が国債を買うと外国為替は円安に動くのだ。

円安と円高、どちらがいいかは単純にはいえないが、円安になると輸出増大で収益が改善され、設備投資の拡大や雇用の創出など、景気回復につながるというのが一般的な見方だ。

マクロ経済を少し学んだ人であれば当然にわかることであり、論理としても極めてシンプルで明快なのだが、なぜか識者の中にも理解できていない人が多い。

円が上がったり下がったりすると、大手メディアや著名な識者たちは、「○○国の中央銀行総裁の発言が」とか、「○○大統領の発言が」などと解説する。

もちろん、一時的にそうした理由で動くこともあるだろうが、為替が決まる基本的なメカニズムはそんなところにはない。

簡単にいえば、為替は「2つの通貨の交換比率」で決まる。円ドル相場でいうならば、円とドルのレートは日米のマネタリーベースで決まるということだ。

物価が「お金の量」と「モノの量」の相対的なバランスで決まると先に書いたが、理屈は同じだ。モノの量が減ったのにお金の量が変わらなければ、モノの価値は上がって値段は上がる。

為替も同様で、米ドルが日本の円よりも相対的に多くなれば（FRBがドルを大量に発行したら）、ドルの価値が下がり、円高になる。逆に、日銀が大量に日銀券を発行し、円がドルに対して相対的に多くなれば、円安に動くということだ。

簡単すぎて拍子抜けしている方もおられると思うが、これは国際経済学では常識となっているマネタリーアプローチと呼ばれるもので、世界でも極めて正当とされる標準理論なのだ。

伝説の投資家として知られるジョージ・ソロスも採用しており、日米の通貨供給量の比率と米ドル・円の値動きの相関に着目したソロス・チャートはあまりに有名だ。

ソロスの説明はここでは省くとして、大胆な金融緩和はマネー量の増加に加え、為替を円安に進ませる力もあり、景気回復にさらなる期待ができるということだ。

主要国の中でも突出した国債の残高

さて、日本の国債発行残高が現在どれくらいか、皆さんはご存じだろうか。新型コロナウイルスの感染拡大に伴い、どの国も財政事情は厳しさを増し、日本もその別ではないのは周知のとおりだ。

国際通貨基金（IMF）が2020年10月に公表したレポートによると、日本の政府債務残高はGDP比で266％になり、米国のほぼ2倍に達するという。

主要7カ国（G7）で日本に次いで多いイタリアが161％で、日本は先進国で突出した高さにあると各メディアが危機的に伝えている。

2021年予算案の新規国債発行額は、当初予算ベースで11年ぶりに増加となり、公債依存度も前年度（当初予算）の31・7％から40・9％に拡大するという。

これについて筆者から言えることは、「心配しなくていい」ということだ。266％という数字を独り歩きさせて、「給料が30万円なのに80万円も借金があるような話だ！」「大変だ！」と騒ぐのは、先述したように、半径1メートルの見方しかできない人の行動だ。

国債依存度40％超でも大丈夫な理由

何度もいうとおり、借金である以上は利息がつく。もし投資家や金融機関がこの利率に納得できなければ、買わなければいいだけの話だ。

だれも買う人がいなければ、財務省はリスクを承知で利率を上げて、「この利率なら買ってくれるかな……」という形で売る努力をしなければならない。

需要と供給の関係で、売れない商品は買い手がより得をするような形で売り出さないとならないからだ。しかし、ご承知のとおり、今のところそのような事態はまったく起きていない。

民間金融機関は、今の国債の利率に大満足しているとは言わないまでも、おおむね納得しているということだ。投資家も同じである。

金融の世界にイデオロギーを差し挟む余地なし

こうした金融の世界は、イデオロギーや政治的な思惑が入り込む隙間が一切ない。市場ほど世の実相を正しく映し出すものはないのだ。

その意味で実に正直であり、非情でもある世界だ。投資家は実に緻密かつドライに数字を読み、得をすると判断したところに投資をする。日本のメディアが「大変だ、大変だ」と騒ぐ声など、彼らの耳には一切届かない。

もし、民間金融機関が「どうやら国債が多く発行されすぎているぞ」と判断したら、国債は買われなくなり、前述したように国債の金利はどんどん上がる。しかし、どうだろうか。現実には国債の金利は低いまま取引されている。

もし財務省やメディアが言うように、財政破綻の危機が迫っているのなら、「日本はもうやばい」「国債なんて持っていても紙屑になる」と言って買うことはない。

重ねて言うが、国債は借金なので、返すあてのない人（国）にはお金は誰も貸さない。いわゆる闇金のように超高利の金貸しくらいしか相手にしないだろう。

しかし、「必ず返してくれる」と思えるリスクの低い人なら、利率は低く儲けは少なくても、一定のお金を貸してくれるものだ。

金融機関は国債をまだまだ欲しがっている

つまり、民間金融機関は日本政府の国債をまだまだ欲しがっているということだ。事実、入札の通知を出せば、必ず複数の金融機関が群がって応札し、オークションはすべて成立している。国債は発行され過ぎではなく、まだまだ発行してほしいと思われているのだ。

やれGDPの200％だ、260％だと慌てる前に、金利が上昇していないという現状を見ればいいだけのことなのである。

財務省のホームページに「国債金利情報」が公開されている。心配な方は覗いてみるといい。杞憂であることがわかるはずだ。

財政が安心だから国債が買われる

ちなみに、令和3年4月28日の10年もの国債の利率は0・095％である。0・1％

を割っているのだ。言っておくと、これは相当の低金利である。

これを買って儲けようと考えても、利益などほとんど出ないくらいの低金利だ。それでも日本国債を買う人がたくさんいるのである。

「日本か、あの国なら大丈夫だろう」「あんまり儲けにはならないが、確実に返してくれるわけだし、利益にはなるのでこの金額だけ買っておくか」と判断している人が多いということだ。

ここからわかることは簡単だ。「日本の財政は安心だ」と、民間金融機関も海外の投資家も見ているということである。

財務省やマスメディアが煽るように、本当に日本の財政が危ういところにあるのなら、たいして儲けにならないこんな低い金利の国債を、リスクをおかしてまで買い、日本政府にお金を貸すはずがなかろう。

財政破綻のリスクがある国債を、超低金利で買ってくれる投資家は世界にいない。日本にお金をあげるようなものだ。

皆さんのまわりで「日本もそろそろやばい。財政破綻に向かっているぞ」「国債も暴落するかもしれない」などという人がいたら、「なるほど、ではなぜ日本国債の金利ってこんなに低いのですかね」と聞いてみるといいだろう。

もしくは、「そもそも金利がどれくらいなのか知っていますか」と聞いてもいいかもしれない。

もし答えられないのなら、その人は国債の金利が今どのくらいなのか、それすら知ろうとしないで「暴落するぞ」と大騒ぎしていることがわかるはずだ。

日本の財政リスクが低いとされる根拠

先ほど「市場ほど世の中の実相を映し出すものはない」と述べたところだが、その正直で非情で、忖度など働く余地もない市場が「日本の財政リスクは低い」と見る大きな理由がある。

彼らが日本の財政状態を「政府」と「中央銀行」を合わせた統合型のバランスシート（B／S）で見ているからだ。わかりやすくいえば、企業の決算報告でいうところの連結決算である。

連結決算とは、親会社だけでなく、子会社や関連会社を含めた決算のことで、親会社単体の数字だけでは分析しきれないグループ全体の状況を、正しく読み取ることができる。

親会社だけが利益を上げていても、実態は子会社に含み損のある有価証券を押しつけていたり、あるいは逆に、子会社が儲かっているように見えるため、親会社が子会社に大量に発注して売り上げを恣意的に上げたりということが、しばしば行われていた時代がかつての日本にはあった。

しかし、2000年3月期から証券取引法（現・金融商品取引法）のディスクロージャー制度が見直され、現在は国際財務報告基準（IFRS）にもとづく連結決算で開示されるのが一般化している。

財政をどうチェックすればよいのか

政府と日銀は、先述したように「親会社」と「子会社」の関係にあり、日銀の利益は最終的に政府に戻ってくるわけなので、当然ながら同じように連結決算式で見ていかないと、財政実態はさっぱり見えてこないのだ。

バランスシートとは、先に別の項でも少し触れたが、貸借対照表のことである。たとえば、企業が決算報告を行う場合、財務諸表（一般に決算書と呼ばれている）の作成が義務付けられている。

財務諸表には3種類あり（財務3表）、損益計算書、貸借対照表、キャッシュフロー計算書がそれにあたる。簿記の資格はなくても、一般のビジネスパーソンであれば聞いたことがあるはずのワードだ。

損益計算書が主として「収益性」を示すのに対し、貸借対照表は財政状態を表すもので、「安定性」を見るのに適している。「お金をどうやって集めてきて、そのお金をどのように投資・保有しているか」を示したものだ。

左右に分けて表され、右が「集めてきたお金」（負債と純資産）、左が「どのように投資しているか」（資産）が表されている。

簡単にいえば、「これを見れば国の財政状態が一発でわかる便利なシート」ということができる。

最初に政府のバランスシートをつくった人物

実は、25年ほど前の1995年頃、最初に政府のバランスシートを作ったのは、筆者である。これは財政投融資に絡んだ事情があった。

財政投融資とは、政府の予算に頼ることなく、独立採算で「財投債」（国債）の発行などにより調達した資金を財源として、政策的な必要性があると判断された長期的なプロジェクトに投資するものだ。

おのずと、民間金融機関が融資に躊躇するようなリスキーな案件にも、政府の保証で財投が融資をすることになる。

バランスシートを作ったらわかった大蔵省のウソ

バブル崩壊後の90年代は、経済対策として公共事業が推進される中、住宅向け需要が増大し、投資全体の3分の1を占めるまでになったのだが、ここで抱えていた金利リスクが「財政破綻につながる」とさかんに言われていたのだ。

筆者は当時、大蔵省の理財局にいたので、この財政投融資の資産負債管理を行うため、国のバランスシートを作る必要があったのだ。

作ってみてわかったことは、「財政が危うい」という大蔵省（当時）の主張が大ウソだったということだ（現役の大蔵官僚だったので外で言うことはできなかったが）。

主計局からは「余計なものを作るな」と言われ、筆者の作った国のバランスシートは省でお蔵入りになったのだが、その経緯は今もよくわからない。

ただ、大蔵省もさすがにヤバイと思ったのか、その5年後くらいに小泉政権が誕生してから試案として作られるようになり、さらにその5年後くらいから正式版として作られるようになった。

政府の借金しか見ていない人たちが騒いでいる

言い換えれば、それまで大蔵省はバランスシートで財政状態を把握することを、まったくしてこなかったのである。

では、現在の日本政府のバランスシートはどうなっているのだろうか。財務省が公表しているデータをざっくりとまとめてみると、おおむね次の図のようになる。

見るとわかるが、負債が資産を上回っているから、これだけ見ると「大変だ、財政破綻だ」という話になる。

実際、財政が破綻すると言っている人たちは、このバランスシートの右側の負債しか言っていない人たちだ。

一般企業の連結決算では、親会社だけでなく、子会社や関連会社を含めてグループ全体の数字を見ないことには、財政状況が正しく分析できないことについてはすでに述べたとおりだ。

政府の場合も「子会社」的な存在である日銀のバランスシートを足さなければ、本当

図2　政府の連結バランスシート（除く日銀）

出所：国の財務諸表（財務省）をもとに編集部作成／（単位：兆円）

のところは見えてこないのである。

そこで、日銀のバランスシートを足したものが次ページの図だ。これが政府と日銀のバランスシートを合わせた「統合政府バランスシート」である。

ちなみに、「政府の見えない資産」とも言われる徴税権も加えた。これでより実状が正確に把握できるはずだ。

統合型バランスシートを見れば一目瞭然だ。資産が負債を大きく上回っているのがわかる。

アベノミクスで日銀が大規模な量的緩和を続けてきた結果、負債は国債が減り、日銀券（当座預金を含む）が増える形となる。

図3　政府総合バランスシート

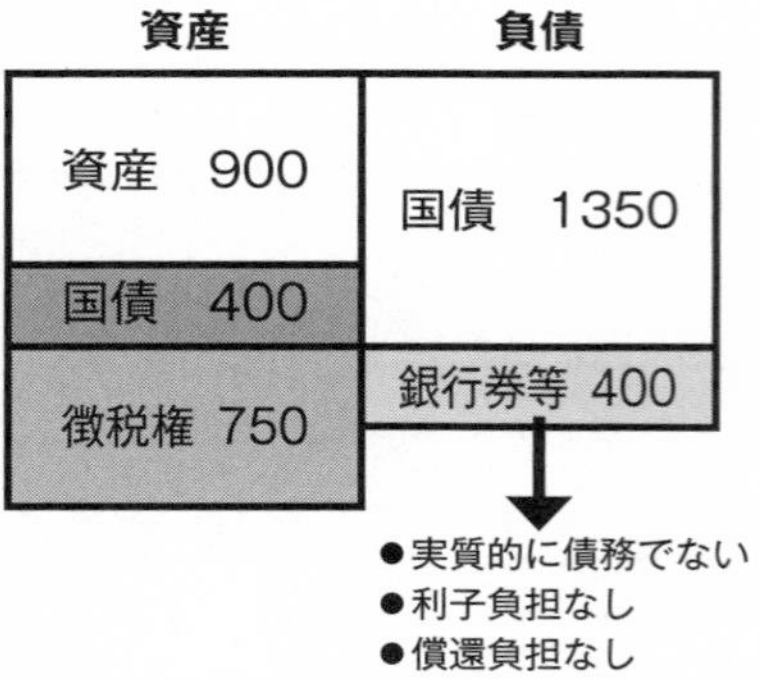

出所：国の財務諸表（財務省）をもとに編集部作成／（単位：兆円）

つまり、政府と日銀を統合政府で見たとき、量的緩和がもたらしたものは負債構成の変化であり、有利子の国債から無利子の日銀券へ転換させたということだ。ある意味で財政再建は完了したといえるのである。

ちなみに、銀行券は理論上、負債のほうに入れているが、利子負担がないうえ、償還負担（返済）もないため、実質的には債務とはいえない。

徴税権を付け加えたことを「ずるい」という人もいる。税収は政府の歳入の半分を占めるれっきとした「資産」なのだが、では仮にこの税収（徴税権）を除いたとしても、左右の数字がほぼイーブンであることは見てわかる。

はっきり言ってしまえば、日本に財政問題はないのだ。これが巷で「大変だ」といわれている日本の財政の実相なのである。

要するに、財政破綻論者は「借金」だけを見て騒いでいるだけだ。ほんの少しの会計知識があれば、それが大嘘であることがこの図を見てわかるだろう。

残念な経済専門誌記者の問い詰め

何年か前に、ある経済専門誌の取材で、このバランスシートについて説明したら、「現実には政府と日銀は連結になっていないから、その説明ではマーケットは借金が消えたと認識しない。むしろ国債の信認は低下する」と詰められたことがある。

しかし、たとえ連結でなかったとしても、国債をめぐる現実は変わらない。

その記者が何をどう言おうとも、政府が支払う国債の利子は日銀に入り、日銀の通貨発行益は政府に納付金として戻ってくる。

政府の利払い負担のうち3兆円くらいは日銀に行くが、国庫納付金として政府に戻るのだ。これは現行制度で決まっているルールだ。変えることはできない。

記者がいくら「マーケットは認めないぞ」と言おうとも、先述したように0・1％以下の利率で今も買われているのだ。その現実を直視したほうがいいだろう。繰り返すが、市場ほど世の中の実相を映し出すものはないのである。ちなみに、財務省も海外ではバランスシートを使って説明している。国内の記者はどうせわからないので、財務省の官僚も小馬鹿にしているのだ。

「国債を国債で穴埋め」という見出しが招く誤解

「建設国債の償還、赤字国債で穴埋め　19年度57兆円」

これは2021年4月30日日本経済新聞が配信した記事の見出しだ。記事は次のように伝えている。

「財務省は30日、財政制度等審議会の部会を開き公共事業の予算を議論した。2019

年度末時点の赤字国債残高608兆円のうち57兆円は、本来は公共事業に使い道を限定している建設国債の償還で生じたものだという推計を示した」

このような記事を読むと、多くの人は「国債を国債で穴埋めするなんて、日本の財政は自転車操業ではないか」と思うのではないか。

さらにもう一つ、赤字国債の「赤字」というワードを目にして、「赤字国債」→「財政赤字」→「日本の財政はピンチ」というイメージを持つ方もいるようだ。

これも、多くが国債に抱く誤った認識だ。とにかく国債に対しては誤解が多すぎるのである。

筆者には、財務省やマスメディアが国民にそう理解させようと、長年かけて洗脳アナウンスを続けてきた成果ではないかとさえ感じてしまう。

まず、最初に答えから言ってしまうと、この記事を読んで不安に感じる必要はない。

公共投資を建設国債で賄うことは、公共投資は資産が残るので、バランスシートでは左に資産、右に負債が同時に計上されるので問題ない。赤字国債の場合、市中消化は一定額までは連結ベースの資産があれば問題なく、市中消化後日銀買い受けであれば、連結ベースの資産が赤字国債発行額の分増えるので、インフレ目標の範囲内であれば問題ない。

そのうえで、「建設」と「赤字」の意味について簡単に説明したいと思う。

「赤字」という名前でもただの国債

まず、大前提として日本では、「国の予算は借金をしないで税収だけでまかなう」という前提がある。

財政法第4条第1項に、「国の歳出は原則として国債又は借入金以外の歳入をもって賄うこと」と規定しているのだ。

その一方で、ただし書きにより、公共事業費などについては、例外的に国債の発行や借入金を調達することを認めている。これがいわゆる「建設国債」と呼ばれるものだ。わが国では1966（昭和41）年から発行されている。

つまり、法律では「借金はダメ」とうたっておきつつ、現実にはそんなことは不可能なので、「どうしても無理なときはしかたない」「ただしインフラ整備など建設に関することに限ってだ」と、但し書きで認めている。言い方は悪いが、本音と建前のようなものだ。

ところが、やってみたものの、これでも足りないので、各年度に特例公債法を適用し、例外的に「特例国債」の国債の発行も認められるようになった。

令和3年度でいえば、「新型コロナウイルス感染症等の影響に対応するための国税関係法律の臨時特例に関する法律施行令の改正（令和3年1月22日公布）」といった具合だ。これがいわゆる、「赤字国債」と呼ばれるものだ。

ただでさえ、「臨時特例」などという文字を見てしまうと「緊急事態」「切羽詰まった状況」という印象を受けてしまう。

そこへさらに「赤字」などという通称で呼ばれてしまえば、「ますますヤバイ！」と多くの方が感じるのも無理がない話である。

しかし、名前に惑わされる必要はまったくない。建設国債も特例国債（赤字国債）も、国債は国債だ。

予算が足りない分を国債の発行で間に合わせるという意味において、なにも変わらない。どちらも「ただの国債」なのだ。

たとえば今年度でいえば、政府が令和3年度の予算を組み、不足分は財務省がいつものように国債の発行計画を決め、3年度の発行額が決まる。

そのうち、建設国債の発行対象経費分を「建設国債」と呼び、残りを「赤字国債」と呼ぶだけだ。発行する国債について「建設」や「赤字」と分けているに過ぎない。

よく「お金に色はついていない」というが、まさにそれだ。赤字国債で調達したお金だからといって、お金に色がついているわけではない。

言うまでもないが、金融市場で扱われる国債が、「赤字」だの「建設」だの、「特例」だのといった区別で扱われていることはない。分類しているとしたら、それは政府予算の中だけの話だ。

民間金融機関が、国債を買うために入札に参加する際、「この国債は赤字なのかな。じゃ、やめとくか」などと考えることもない。

国債は、個人でも証券会社や金融機関などで購入できるので、ためしに窓口へ行って

「これは何国債ですか?」と聞いてみるといいだろう。

どっちであると答えられる人はいないはずだ。それより「この人は何を言っているのだろう?」という顔をされてしまうかもしれない。

買われている限り国債は何も問題なし

「建設国債を赤字国債で穴埋め」している点についても、簡単に触れておこう。これについても、問題ないと最初に言ったとおりである。

Aさんという個人がBさんに借りたお金を返せずに、Cさんから借りてBさんへの返済に充てていたら、それは自転車操業といわれてもしかたない。しかし、これを国や企業の財政にあてはめようとしても無理がある。

どこの企業だって、受けた融資の返済期限がきたら、メインバンクで借り換えをし、返済に充てるということは、普通に行われている。

経営状況が悪くないのならば、それは通常のファイナンススキームの一つだ。それをもって「経営破綻だ」などといわれることもない。

もし、メインバンクが「おたくの会社にはもう貸せません」と言ってきたらそれは問題だが、信用があって貸してくれているうちは何も問題はないのだ。

国債の「穴埋め」の話もこれと同じで、民間金融機関や投資家から「もう日本の国債は危なくて買えない！」と言われたら危険水域だが、何度もいうように、超低利率でもいまだ買われ続けている。

金融の世界は、正直で非情で、思惑や忖度が入り込む隙がない世界だと先に書いた。市場ほど世の実相を正しく映し出すものはない。

金融機関や投資家は、ドライに数字と状況を読み、儲かると判断すれば投資をする。その人たちが引く手あまたで「国債を売ってくれ」と入札に参加する。国はそれを国民のために使うだけだ。

「国債を返せない」はあり得ない

それと最後に、財政破綻論者がしばしば言うところの、「償還期限がきた国債を返せなくなる日が今にやってくる」という論について。

まず、現実の問題として、満期を迎えた国債について、日銀が強引に償還を迫ることがあるだろうかという話だ。

先に書いたが、日銀は政府の事実上の子会社だ。たとえ厳密な意味での子会社ではないとしても、中央銀行がその国の政府を破綻に追い込むことをするだろうか。

先ほど、企業がメインバンクから借り換えする例を出したと思う。普通に考えれば、満期国債を借り換え（ロールオーバー）していくと考えるほうが現実的だ。日銀保有国債については利払いも償還もなくなる。

ありそうもない非現実的なフィクションにおびえ、「赤字」や「特例」といった言葉に意味もなく焦る必要はない。国債は国債であり、日本政府の発行する国債は、今も引く手あまたで需要があるのだ。

第3章　国民の生活は日銀が握っている

国民の生活と日銀

多くの人は、中央銀行である日銀が、普段どんな仕事をしているかなんて考えていないのではないだろうか。

そもそもどんな役割を担っているか、何ができるのか、政府とどんなやりとりをしているかも、意識している人は少ないと思う。

本書の1章で、教科書のように「日銀の3つの役割」などを説明してきたのも、日銀に関する基本的なことを知っておく必要があると考えたからだ。

若い人の中には、自分の国の総理大臣や、アメリカの大統領の名前も即答できない人も稀にいると聞くので、そういう人に街頭でマイクを向け、「日銀の総裁が誰だか知っていますか」と聞いても、「考えたこともない」と答えるだろう。

しかし、私たち国民の生活は、実は日銀と大いに関わっている。それどころか、国民生活は日銀がどんな政策を行うかで決まると言ってもいい。

学生のバイト代も日銀次第

「日銀総裁の名前なんて気にしたこともない」という学生の方も、アルバイトへ行って得る賃金の額は、経済の全体像を俯瞰すれば、結局は中央銀行が行う金融政策により、景気が回復するかどうかで決まってくる。

そもそもバイトを募集しているかどうか、つまり雇用の創出（あるいは失業率）も日銀次第。物価も日銀次第。金利も日銀次第。景気がよくなれば生活保護問題も縮小し、自殺率も減る。お父さんやお母さんが勤める会社やパート先の経営が、上向きになるかどうかも、日銀の政策が大いに関わっているのだ。

日銀が誤った政策を選択すれば、景気は悪化してデフレに陥り、私たち国民の生活はたちまち厳しいものになる。

にもかかわらず、「日銀が何をしているか」「トップは誰なのか」を一切気にしていない人が多いのが現実だ。

国民生活のすべてを決めるといっても過言ではない日銀という存在、およびその政策。

本章では、中央銀行の金融政策と国民生活が、いかに密接に関係しているかを考えていきたい。

黒田総裁が選ばれた背景

現在、日銀総裁の職に就いているのは、財務省出身の黒田東彦氏だ。官僚時代から、マクロ経済に基づく金融政策への関心が強かったと言われる人である。2013（平成25）年3月に第31代日本銀行総裁に就任し、2018（平成30）年4月に再任され、今に至る。任期は2年後の2023（令和5）年4月である。

日銀総裁は国会の同意を経て内閣が任命する。黒田氏を選んだのは当時の安倍晋三首相だ。

2012年12月の総選挙（当時は民主党政権）で、安倍総裁は「政権を奪還したら2%のインフレを達成するまで無制限の金融緩和を進める」と公言していた。これがいわゆるアベノミクスの中核だ。

財務省系の人たちは、黒田氏ではない別の人物を擁立しようとしていたといわれているが、大胆な緩和による金融政策のレジームチェンジ、すなわち金融政策における政策体系の転換を求めた安倍首相は、政府方針の実現に協力してくれると期待できる黒田氏を起用したのである。

インフレ目標2％の理由

ところで、「2％のインフレ」と今さらりと書いたが、インフレ目標を取り入れた政権は、日本では安倍第2次政権が初めてだ。これは安倍政権の計り知れないほど大きな成果といっていいだろう。

この「2％」には明確な根拠があるのだが、実は識者の中にもはっきりと理解している人は少ないので、ここで少し説明しておきたい。

雇用と物価、マクロ政策の関係を示すものに「フィリップス曲線」というのがある。経済学者のアルバン・ウィリアム・フィリップスが提唱したもので、縦軸を物価上昇

図4　マクロ政策・フィリップス曲線

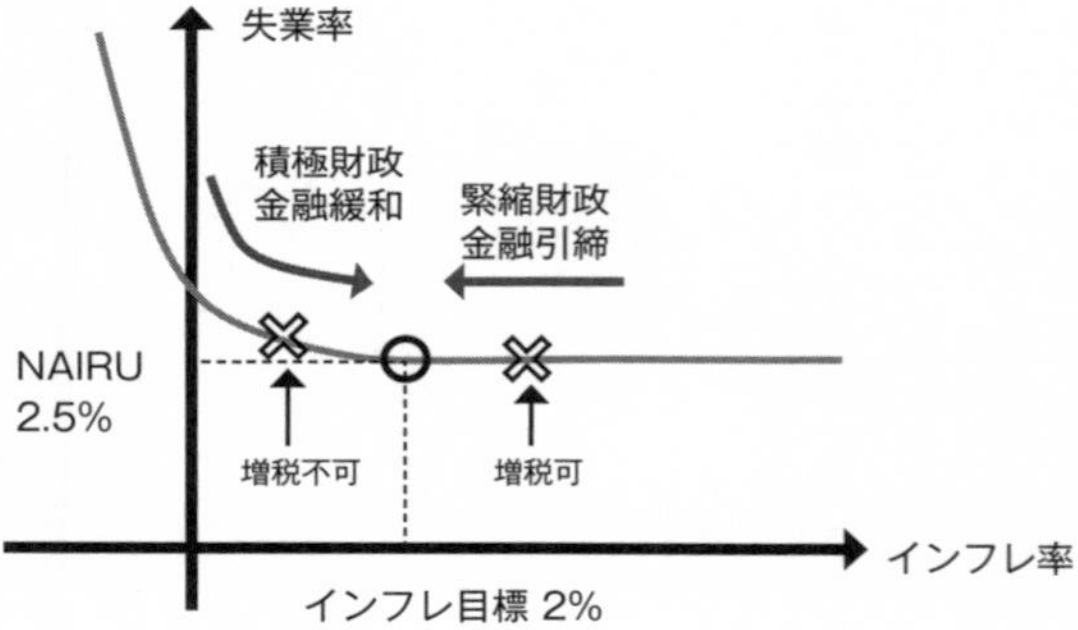

率、横軸を失業率としたグラフだ。通常は右下がりの曲線になる。

一般に、インフレ率がマイナスの時には失業率が高くなり、インフレ率が高くなるにつれて失業率は下がる。しかし、失業率はある率から下がりにくくなり、ゼロになることはない。

この失業率の下限を「NAIRU（インフレを加速させない失業率）」という。インフレ率と失業率が逆相関であり、このNAIRUを達成する最小のインフレ率をインフレ目標に設定するため、マクロ経済政策において極めて重要である。

NAIRUについて、筆者の推計では「2

%台半ば」と考えている。実際の値を推計する計算式は複雑なのでここでは控えるが、根拠を簡単に説明しておく。

国の総需要（ＧＤＰ）と供給力の差をＧＤＰギャップ（需給ギャップ）といい、物価の先行きを予測するための指標としても用いられている。

このＧＤＰギャップとインフレ率の関係でいうと、ＧＤＰギャップがプラス方向に大きくなるとインフレ率が上昇する、正の相関関係がある。具体的にいうと、ＧＤＰギャップがプラス２％程度になると、インフレ率が２％程度になる。

一方、ＧＤＰギャップと失業率は、負の相関関係になる。ＧＤＰギャップがプラス方向へ大きくなると、失業率は低下することになる。こちらも具体的にいうと、ＧＤＰギャップがプラス２％程度になれば、失業率は２・５％程度になる。

つまり、失業率２・５％に対応する最適点のインフレ率は２％程度であり、これが、現在、政府や日銀が掲げるインフレ目標になっているわけだ。

日銀は２％の物価安定の目標（インフレターゲット）を掲げているが、その根拠はこのＮＡＩＲＵである。２％台半ばなので、目標としては２％としてもいいだろう。これが安倍政権と日銀がインフレ目標に掲げた「2％」の意味だ。

2年後のインフレ率

では、日銀の政策がどのように国民生活に影響を与えるのか、実際に日銀が行ってきた政策に沿って説明していきたいと思う。

2013年の就任以降、「黒田日銀」が行った政策のキモはマクロ経済政策だ。わかりやすくいうと、世のなかに出回るお金の量を増やし、人々のマインドを「デフレ予想」から「インフレ予想」に転換。ここから景気回復を図ったのである。

マインドとは気分や気持ちだ。デフレ予想とは「まだまだ景気が悪いな」「これからもデフレが続きそうだ」という気持ちだ。

一方、インフレ予想とは「景気がよくなりそうだな」「インフレになりそうだ」「今もインフレだしこれからも続きそうだ」という見通しだ。

では、実際にどういう経路をたどるか見ていこう。今の日本のように、デフレから脱

**図5　マネーストック対前年度比（2年前）と
インフレ率対前年度比の推移**

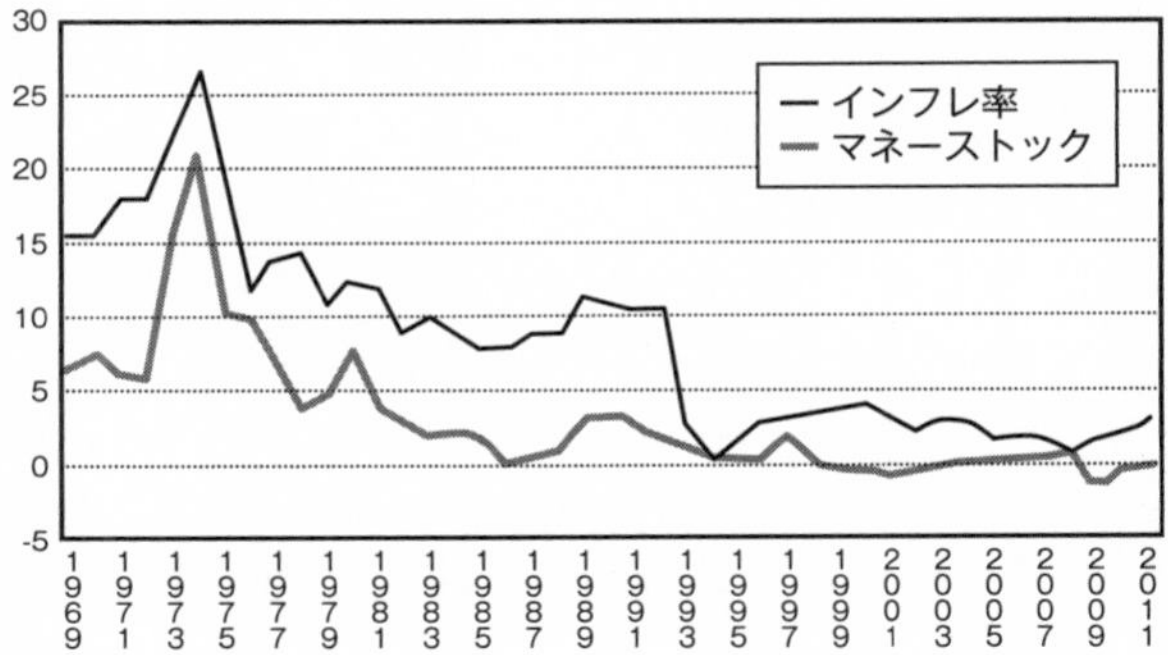

却しきれていない場合は、国債の買い入れなどで大胆な金融緩和を行い、マネタリーベース（中銀当座預金と中央銀行券の合計）を大幅に増やし、マネーストックの伸びへつなげることからはじまる。

この点は1章や2章で述べてきたとおりだが、一つ重要な点を付け加えると、「マネーストックは2年後のインフレ率を決める」という関係があるからだ。

ためしに、インフレ率と、マネーストックの増加率の関係を調べると、図のようになる。この両者の関係を数式にすると、

〈インフレ率＝マイナス2・1＋0・62×2年前のマネーストック増加率〉

となり、相関係数は0・89だ。統計学的に見ても、強い相関関係があると考えるのが普通だ。

しかも、マネーストック増加率は2年前であり、2年前と現在の「相関」があるということは、2年前から現在への「因果」があると解釈するのが自然だろう。

「気持ち」は見える形で示せる

マネタリーベースが増えると何が起こるかというと、インフレ予想率（期待インフレ率、予想物価上昇率）が半年以内に高まる。インフレ予想率とは、先ほど言った人々の気分、すなわちマインドだ。

そういうと「気分や気持ちだなんて、フワッとした言われ方をしてもよくわからない」と思う方もいるだろう。

実はこの「マインド」というものも目に見える形で示すことができるのだ。というより、可視化しなければ正しい分析などできはしない。

当然ながら、マインド「そのもの」は人の心の中にあるので、厳密な意味で「人々の心を数値化する」ことはできない。ではどうするのか。

一般にインフレ期待率というと、日銀が市場関係者などを対象に行うアンケート調査や過去のインフレ率の実績から算出することもあるが、最も信頼できるのは国債の動きから算出する方法である。

物価の先物

市場に参加している投資家たちは、実にさまざまな情報を多岐にわたり集めている。そして、鋭い嗅覚で変化を予想すると、その時点で直ちに合理的な投資行動を起こし、リターンを得ようと試みる。

そこで注目されるのが、「物価連動債」という国債の一種である。その名のとおり、元本の金額がインフレ率によって調整されるもので、「物価の先物」とも呼ばれる。

たとえば、元本が１００万円で利率が５％の物価連動債であれば、１年後に物価が２

％上がると、元本も2％上がって102万円になる。したがって金利収入は102万円×5％で5万1000円となる。

インフレ期待はBEIを見て判断する

この物価連動債と通常の国債との利回りとの格差を求めると、その時点で市場が将来のインフレ率をどう予想しているかが観測できるというわけだ。この格差を「ブレーク・イーブン・インフレ率」（BEI）という。

BEIが高ければ、インフレ期待が高まっているということになり、金融緩和をしているのにBEIが低いままであれば、まだまだ緩和が足りていないと判断できる。

このBEIは、海外でも主要国の中央銀行が注視している指標で、現時点のインフレ期待率がどのくらいであるかが、実際の金融取引の結果として浮かび上がってくるのである。

いずれにせよ、インフレ期待率は、将来の実際の物価や景気を予測し、実際の経済にも影響を与える重要な指標であるということだ。

インフレ予想率が上がれば企業は融資を受けやすくなる

次に、インフレ予想率が上がるとどうなるかというと、実際のインフレ率に変化が無くても、実質金利が下がることになる。

なぜなら、《実質金利＝名目金利－インフレ予想率》だからだ。

この計算式はアメリカの経済学者であるアーヴィング・フィッシャーが提唱した金利と物価の関係式で、この式どおりの効果を「フィッシャー効果」ともいう。

実際の金利が下がらなくても、「実質金利」が低下するので、企業は金融機関から融資を受けやすくなる。

日銀の低金利政策を批判していた人たちは、「もうこれ以上、利率は下げようがない」すなわち「低金利政策の限界」などと騒いでいたが、そういう人たちは名目金利と実質金利の違いがわからないのだろう。

今のような経済状況では、名目金利はゼロ付近に張り付いているが、ここで説明したように、実際の金利（名目金利）が下がらなくても、実質的な金利をマイナスにまで下げることは可能なのだ。

実際、その効果は「株高」と「円安」という形で現れている。民主党の野田佳彦総理が退陣を表明した２０１２年11月と比較して、安倍新政権が発足した２０１３年３月末までに、日経平均株価は43％上昇した。これは、２００８年９月の世界金融危機（リーマンショック）後の高値を塗り替えたものだ。為替でも円が米ドルに対して18％弱下落している。

円安になると自動車などの輸出産業に追い風となり、半年から1年半ぐらいの間に輸出高は増加し、株高になると消費は半年から1年半ぐらいの間に上向く。

また、実質金利が下がると、金融市場は互いに連動しているため、企業が金融機関から借りる利率だけではなく、たとえば企業が社債を発行して、市場から直接的に資金を調達する際の金利も低下する。

そうなると、企業は、給料の支払いや仕入れなどに必要な運転資金や、設備投資に必要なお金の調達がしやすくなる。さらに、個人レベルでも住宅ローンを組みやすくなるなど、お金の動きは連動して喚起されていく。

実質金利が下がって設備投資が喚起され、輸出や消費が伸びてくると、ようやく物価や賃金が上がってくる。以上が大きな流れだ。

ちなみに、企業による設備投資が伸びはじめるのは、先に触れた「株高」や「円安」のようにすぐにではない。

理論的には、おおむね半年から2年くらいのタイムラグが必要だ。なぜなら、長いデフレを経て企業には内部留保がたくさんあるからだ。

「日銀がマネタリーベースを増やしているのに、マネーストックが増えていない」「効果がでていないではないか」と批判する人がいるが、おそらくマクロ経済を知らないということなのだろう。

「ブタ積み」の要因

日銀が量的緩和を行っても、それが民間金融機関などに回らず、ひいてはその先の企業や個人にも回らない状態を、一般に「ブタ積み」などという。言うまでもないが、一種の俗語で正式な用語ではない。

たとえば日銀がA銀行から国債を買い上げ、A銀行が持つ日銀の当座預金口座にお金を振り込んでも、A銀行がそれを企業に貸し出したり、金融取引をしたりしないで、口座に積んだまま（ブタ積み）では、市中に出回るお金（マネーストック）は増えないという批判だ。

民間金融機関は日銀に法定準備金を預けておかなければならないが、準備金を超える分については、今はマイナス金利がつく。そもそも、お金は貸し借りをして利子を生まなければ利益が1円も生まれない。

「銀行が預けなくていいお金をブタ積みした状態が続いている。これをどう説明するのだ」という意味合いだろう。

簡単に言えば、「ブタ積み」の要因は、長引くデフレで企業に内部留保が溜まっている。当初は設備投資も運転資金も内部留保でまかなえてしまうことにある。いくら実質金利が下がっても、市中銀行など外部への資金需要にすぐには結びつかない。

十分なマネタリーベース増加を図った後、金融機関からの貸し出しが本格的に増えはじめるのは、筆者は3年くらいと考えていた（消費増税がなかったらだが）。輸出や消費、設備投資が増加する結果、実体経済が改善され、実際のインフレ率も上がり、それとほぼ同時に賃金も上昇する。

そして、これらの過程の中で、資産価格（不動産価格や株価など）が上昇し、為替は円安になるというものだ。

消費増税までは正しい方向だった

日銀の政策が景気を回復させ、国民生活によい影響を与えるまでの仕組みを、ここまでの説明をもとにまとめると次のようになる。

日銀が量的・質的緩和（国債購入など）を行う

←

マネタリーベースを増加させる

インフレ予想率（期待インフレ率）が上がる

←

実質金利が下がる（実質金利＝名目金利－インフレ予想率なので）

←

輸出、消費、設備投資が増加し、実体経済が改善

実際のインフレ率と賃金が上昇

大きな流れとしては以上のとおりである。そして、２０１３年3月、黒田総裁が就任すると、翌4月3、４の両日に開催された日銀金融政策決定会合で歴史的ともいえる金

融政策の転換が図られた。

前述のとおり、安倍政権が目標として掲げた「2％のインフレ目標」を達成するため、マネタリーベースを2年で2倍に増やすというものだ。1年に換算すると約70兆円の増加であった。

マーケットはこれを「黒田バズーカ」と呼んで歓迎した。日銀の決定が報じられた直後、日経平均株価は約500円急進し、その後も右肩上がりで伸び続けた。

円安が進んでいた為替相場も、この決定直後にあらためて円安が進み、4月4日の当日だけで、対米ドルで92円台から96円台と4円近く下落した。

以降、2014年4月に消費税を5％から8％に上げるまで、マクロ政策は正しい方向で行われていたのである。

本章は趣旨を「日銀と国民経済とのつながり」に重点を置くため、消費増税などの話は別の機会に譲ることとする。

コロナ禍でも民主党政権下よりはマシな雇用

日銀の金融政策が国民生活にどうつながってくるのか、おおまかな流れについて順を追って見ていただいた。

では、庶民の雇用や賃金などにどんな影響が出ているのか、もう少し詳しく見ていこう。まずは雇用からだ。

厚生労働省は2021（令和3）年5月、2020（令和2）年度平均の雇用情報を発表した。それによると、有効求人倍率は1・10（前年比0・45ポイント減）、完全失業率は2・9％（同0・6ポイント増）だった。

新型コロナウイルスの感染拡大の影響をモロに受け、非正規の就業者数が直近より減った形ではあるが、民主党政権の末期（2012年）の有効求人倍率0・8、完全失業率が4・3％と比較すれば、日銀がマクロ経済政策で緩和策を続けた結果、大幅な雇用改善が図られてきたことはあきらかである。

筆者が常々言っていることだが、金融政策とは雇用政策である。失業率を下げるということは、経済成長とほぼ同じことなのである。

インフレ率と失業率は二重の責務

極論をいえば、政権ができるマクロ経済対策は雇用の確保しかない。それさえできれば及第点なのだ。

アメリカのＦＲＢ（米国準備制度理事会）では、インフレ率と失業率は二重の責務ともいわれている。

一方で、日銀は「雇用は日銀の仕事でない」と歴史的に整理されてきた。しかし、これは世界の経済学の常識とはかけ離れている。

その意味で、日銀の総裁が白川氏から黒田氏へ変わり、大胆な金融緩和策がとられ、その結果、失業率の低下と有効求人倍率が上昇したことは日本経済にとって望ましいことであり、筆者も想定していたことである。

わが国で失業率統計がはじまった１９５３（昭和28）年以降、失業率を下げたのが29

政権、就業者数を増やしたのは10政権しかない。

その中で、もっとも失業率を下げたのが安倍政権であり、就業者数も佐藤栄作政権に次いで2番目に増やしている。

この比類なき実績と、日銀が決断した金融緩和策の成果を、大手メディアが積極的に報じないのは不思議というしかない。

13年以降の労働力人口は増え続けている

ここまで見ただけで、日銀の政策と国民生活が密接につながっているのだということがおわかりいただけるだろう。

確認しておくと、「失業率」の定義は、労働力人口に対する完全失業者の占める割合だ。完全失業者は労働力人口から就業者を引いたものである。

したがって、失業率は「1」から就業者数の労働力人口に対する割合を引いた数になる。

何が言いたいかというと、経済活動が盛んになれば、それまで働く意思がなかった人が職を探して働こうとしはじめるので、一般に非労働人口が減り、労働力人口が増加するのである。

ちなみに、民主党政権から安倍政権になった２０１３年１月時点の労働力人口は６５７６万人だったが、５年後の２０１８年５月は６８２１万人と２４５万人増え、その３年後の２０２１年３月では６８３７万人とさらに増えている。

一方、この６８３７万人という数字は前年同月に比べ51万人少なく、12カ月連続の減少ということでもあるわけだが、これは新型コロナの影響を考えれば無理もないといえるだろう。

こうしたデータは定点で見ても正確なところは見えてこない。２０１３年からの比較でみれば、マクロ経済政策でどのように増えたかがわかるだろう。

大学にいるからこそ実感できる雇用状況の改善

多くの人は「雇用がよくなった」と言われても、それほど実感がないかもしれない。ところが、筆者は大学の教授をしている。学校という現場で学生の就職状況というものを間近で見ていると、雇用の改善を如実に実感するのである。

いわゆる一流大学といわれるところの学生であれば、景気が良くても悪くても、就職先はそれほど困らずに見つかるだろうが、そうでない大学は、そのときの景気の状況によって就職が大きく左右される。

こういってはなんだが、筆者が教鞭をとる大学は、どちらかというと後者の「そうでない大学」の部類に入る。

民主党政権時代では、就職活動で苦労している学生たちをたくさん見てきた。それが近年は、ほとんどの学生が就職できるようになった。

大学のホームページによると、就職率（2018年ベース）は、就職希望者数を分母とし、全体で93・9％（男93・4％、女94・7％）となっている。

ほぼ全員が就職できていることになる。就職課の職員の方と話したとき、鼻高々の様子だったのが印象的だった。

もちろん、学生も職員の方もがんばったのだろうが、はっきり言ってしまうと、安倍政権と日銀によるマクロ経済政策、特に金融緩和策によるものだろう。

自殺率と日銀の政策

日銀の「金融政策」と「自殺」との関係などといわれると、この2つはなかなか結びつかないというのが一般の人の感覚ではないだろうか。

しかし、自殺率は失業率との相関性が高いため、失業率が下がれば自殺は減っていく傾向がある。雇用の改善と人の命はつながっていると考えていい。

警察庁が発表している令和2年度の自殺者数は2万1081人。対前年比で912人（約4・5％）増加した形だが、2013年の金融緩和開始からの数字を見ると、令和元年まで毎年減少が続いてきた。

令和2年度に関してはやはり新型コロナウイルスの感染拡大が大きく影響していると思われるが、その前年までの自殺者の減少傾向は、日銀が推し進めた金融緩和政策の成果だと考えている。

アベノミクス前後の自殺率

ちなみに、アベノミクスがはじまる前と最近の自殺者数を比べてみると、大きく減少しているのがわかる。

自殺の背景には様々な要因が複雑に絡んでいることが多く、原因をピンポイントで突き止めることは簡単ではないが、景気動向と密接にからむものもあるのだ。

警察庁では、自殺の原因や動機を、家庭問題、健康問題、経済生活問題、勤務問題、男女問題、学校問題、その他に分けて、ホームページで公開している。

そして、遺書などから推定できる原因や動機を、自殺者1人につき3つまで計上可能とする統計をとっている。

図6　平成24年と平成30年の自殺者数比較

（単位：人）

年	自殺	その他外因	その他不慮の事故
H24	26,433	5,622	6,419
H30	20,031	7,554	8,536
増減	-6,402	1,935	2,117

出所：人口動態統計データより編集部作成

それによると、前記6つの要因のうち、家庭問題、健康問題、勤務問題、男女問題、学校問題については、全体に占める割合は年によって大きく変わっていない。

一方、経済生活問題が占める割合は、年によって大きく変わっており、その度合いが景気の動向と関係があることがわかる。

すなわち、景気が悪く失業率が高くなると自殺率は上がり、景気がよくなり失業率が下がると自殺率は下がる傾向にあるのだ。

失業率をどのくらい下げると自殺者の数がどのくらい減るかについて、筆者はかつて推計したことがある。

それによると、失業率を1％低下させる

と、自殺者はおおむね３０００人程度減らすことができる計算だった。失業率と自殺率の間に高い相関がみられるのである。

また、金融緩和により雇用が改善されると、社会の安定にもつながるのだ。失業率が低下すると自殺率が低下するように、失業率の低下は犯罪率の低下とも相関があるからだ。

普通に考えてみればわかると思うが、無職だった人が定職に就くことができれば、前記のような経済生活問題を原因とする自殺は必然的に減り、並行して犯罪も減る。

こうしたことも、実は過去のデータから確認できるのだ。金融緩和すれば、自殺率や犯罪率は減少するのである。

このように、中央銀行の金融政策は、雇用創出という経済効果だけでなく、社会を安定させるという効用もあるのだ。このことは、もっと国民に広く知られるべきことだと筆者は考えている。

日本の賃金は愕然とするほど低い

一方、賃金に関しては残念ながら厳しい見方をする以外ない。

経団連の中西宏明会長（当時）が２０２１年１月27日、日本労働組合総連合会（連合）の神津里季生会長とオンラインで会談し、「日本の賃金水準がいつの間にか経済協力開発機構（ＯＥＣＤ）の中で相当下位になっている」と語った。

また、連合の神津会長も、「平均賃金が先進諸国と１・５倍前後の開きがある」と発言している。

実際にＯＥＣＤの実質平均賃金データを確認してみると、たしかに日本の賃金は愕然とするほど低い。

順番で見ると一目瞭然だ。日本は１９９０年に22カ国中12位、２０００年に35カ国中15位、２０１０年に35カ国中21位、そして２０１９年では35カ国中24位となっている。

また、１９９０年当時の22カ国が、２０１９年にどんな順番になっているか見てみると、日本はなんと21位。かつて12位だったのが、約20年後に最下位近くまで落ちている。

まさに目を覆うばかりだ。

ということは、2019年の35国中24位というのも、新たにOECDに加盟した賃金の低い国に救われているだけなのである。

1990年から日本の賃金は伸びていない

また、1990年当時のOECD加盟22カ国で、この30年間の名目賃金と実質賃金の伸びを見てみると、名目賃金ではほとんどの国で2倍以上となっているのに、日本の伸びはほぼゼロで、伸び率は最低だ。

1990(平成2)年に20万円だった給料が、今も20万円で変わらないということである。

実質賃金についても、50%ほど伸びている国が多くみられるが、日本はわずか5%程度で、これも飛びぬけて低い。

それぞれの国で名目賃金の伸びと実質賃金の伸びを見てみると、相関係数は0・78程

図7　名目賃金の伸び率（横）と実質賃金の伸び率（縦）（1991-2019年平均）

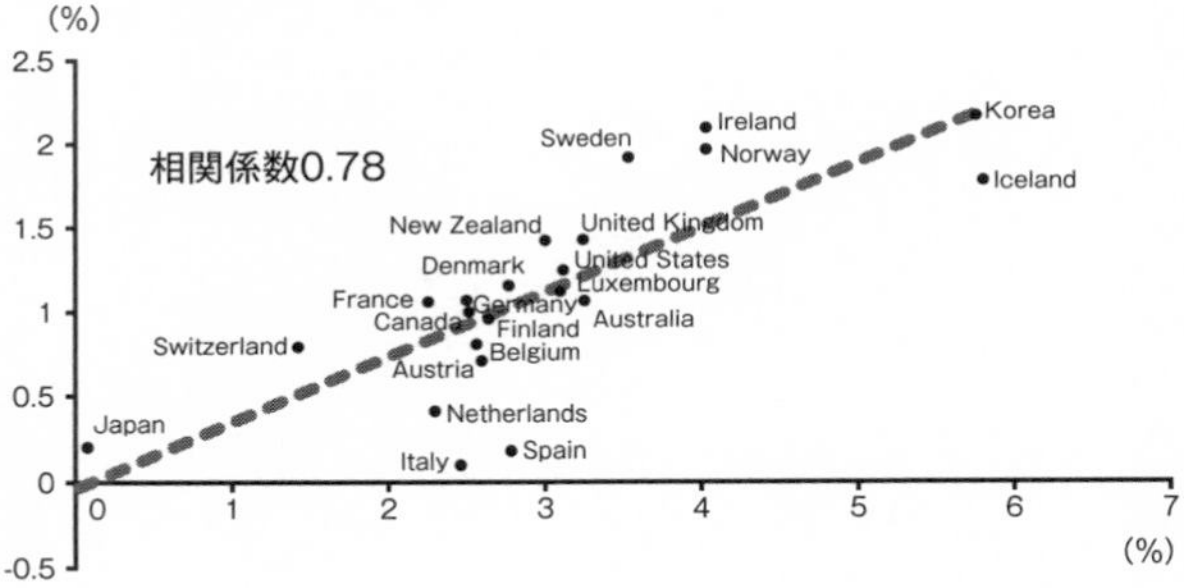

出所：OECD資料をもとに編集部作成

度になっている。

この観点から言うと、日本の実質賃金の伸びが世界で低いのは、そもそもの名目賃金の伸びが低いからということがわかる。

賃金の下押し圧力として考えられるのは、なんといってもマネーの不足だ。後述するとおり、外国人労働者の受け入れを主な要因と考える人が多いが、本質ではない。

90年代以降、失われた時代における当時の日銀の無策が導いたものなのだ。

148カ国中、日本が最下位

そもそも、名目賃金は一人当たり名目G

ＤＰと同じ概念なので、名目賃金が低いのは、名目ＧＤＰの伸びが低いからということになる。

日本の名目ＧＤＰが１９９０年からほとんど伸びていないことは、他の先進国と比べても際立っている。世界でもっとも低い伸びだ。名目経済がそれほど成長していないわけなので、その成果の反映である賃金が伸びないのは、ある意味で当然ともいえる。

経済が伸びなければ賃金も伸びない。賃金が低いのは、90年代からの「失われた時代」の象徴と言っていいだろう。

「90年代以降の30年間」と、「90年より前の30年間」を比較すると、名目ＧＤＰの伸び率とマネーの伸び率は一貫して相関があることがわかる。

筆者の推計では、名目ＧＤＰともっとも相関が高いのがマネー伸び率だ。各国のデータでみても相関係数は０・７～０・８程度もある。

具体的にいうと、「90年の前の30年間」では、日本のマネーの伸び率は、データが入手できる１１３カ国中46位と平均的な位置にある。

一方「90年以降の30年間」では、日本のマネーの伸び率は１４８カ国中、なんと最下位である。結果、名目GDPの伸び率も最下位だ。

しかし、ここまで読んできた読者ならわかるはずだ。マネーの伸び率は、日銀が金融政策でマネタリーベースを増やすことでコントロールできるのだ。

それをしてこなかった前の日銀（白川総裁時代）の罪は重い。デフレのA級戦犯は中央銀行なのだ。このことについては次章でもう少し詳しく触れたいと思う。

賃金が上昇しない理由に、外国人労働者の受け入れも多少は影響しているが、それは本質ではない。

本質はやはり、中央銀行の無策だったのだ。このことをもってしても、よくも悪くも、国民生活に日銀の政策が大きく影響していることがわかることと思う。

移民受け入れの本質

繰り返しになるが、賃金の上昇が起こらなかった要因として、出入国管理法が改正され、外国人労働者を受け入れたことも、ある程度は影響しているとみられる。

出入国管理法の改正とは、これまで専門分野に限っていた在留資格に、新たな分野を設け、外国人労働者の受け入れを拡大したことだ。

この法案の改正案が議論されていた2018年から、筆者は「ポイントは移民受け入れ策かどうかではない、雇用環境がどうなるのかだ」と強く言っていた。

通常、こういった法改正を行う場合は、1年か2年を費やして検討するものだ。せめて2年程度それで時間を稼ぎ、くどいようだが消費増税が行われていなければ、今頃は賃金が上昇していたかもしれない。

なにしろ、受け入れ拡大が検討されはじめたのが2018年2月で、それが政府の基本方針（「『骨太の方針』2018」）に盛り込まれたのが、わずか4カ月後の18年6月である。

十分に検討されなかった政策

検討会のメンバーも官僚ばかりで、専門家が十分に検討した形跡もなく、あまりに拙速だったと言わざるを得ない。

言っておくが、アベノミクスの金融緩和策の効果で、雇用環境の改善はこの時期顕著だったのだ。

安倍政権で増やした就業者数が、歴代2番目であることは先に書いたとおりで、民主党時代に減少していた就業者数は300万人程度増加。その時点で失業率も2・5％程度まで低下していた。

失業率の下限とされる数字は「NAIRU（インフレを加速させない失業率）」といい、筆者は独自に推計して、NAIRUを「2％台半ば」と考えていた。つまり2・5％というのは、もはやこれ以上は下がらないという下限近辺だった。

名目賃金も上昇傾向にあり、実質賃金もいったん低下したものの、底を打って反転し、上昇傾向に転じていたのである。

シナリオは完璧なはずだった

経済学のスタンダードな理論で考えれば、大胆な金融緩和の継続でマネタリーベースを増やせば期待インフレ率が上がり、円安と株高になる。

結果、1年から2年で消費や輸出、設備投資が増え、実体経済が改善され、雇用増加につながる。ここまでは現実に起きていたのだ。

そして、実際のインフレ率も高まり、さらなる実需が出てきたところで、最後に賃金の増加に結びつくというシナリオだったはずだ。

景気に遅れて動く指数を遅行指数といって、給料もその一つなのだが、円安と株高で景気が好転しはじめれば、基本給ではなくても、まずはボーナスが増える。実際、その動きも起きていた。

また、ローソンやセブン&アイなどの小売企業が、いち早く賃金の引き上げを宣言したように、非正規雇用者の賃金も先行して上がっていくはずだった。

景気が本格的に回復し、企業サイドがそれを実感できるようになれば、そこでようやく定期昇給が実現するわけだ。

インフレ率と賃金はほぼ同時に上昇する

ちなみに、インフレを不安視する人の中には「景気がよくなってインフレになると、賃金上昇率がついていかない」という人もいる。

これは、あまりに長く続いたデフレのせいで、「賃金がインフレに勝てない」というデフレ特有の現象を、常識として捉えるクセがついてしまったといえる。

50代以上の人は覚えていると思うが、バブルの頃に100円の商品が20円や30円上がっても、「給料が追いつかなくなる」などと心配する人はいなかった。

金融緩和策が目指したロードマップとしては、実際のインフレ率と賃金は、理論的にはほぼ同時に上昇する。

というのも、インフレ上昇が賃金上昇に勝った場合、企業は人件費（広義の原価）の上昇以上に売り上げが伸びる。

「儲けすぎ」となって、企業側が本格的な景気回復を実感できるようになれば、賃金交渉の環境は生まれてくる。

そこで企業が頑なにベースアップを拒めば、従業員はよそへ移ってしまうので、賃上げに応じざるをえない。

賃金が上がった従業員はそのお金を消費に回すので、インフレ率を押し上げる。したがって上昇は「ほぼ同時」ということになるわけだ。

賃金上昇率は本来、「インフレ率+生産性向上分」が望ましく、生産性が低い仕事より、高い仕事のほうが、賃金の上昇率も確保できて当然だ。

付加価値の高い商品開発をしたり、同じ製品でも低コストでの製造を実現したりする仕事のほうが、そうでない仕事よりも、インフレ率に勝つだけの給料を貰えるのが理想だろう。

ベースアップ交渉でも「生産向上分」が交渉材料になる。つまり、生産性向上を維持できていれば、賃金の上昇率はインフレ率より、生産向上分だけ高くなるということだ。

もちろん、実際には個別事例で事情は異なるだろうが、産業全体としてみれば、インフレ率の上昇が給料アップにつながっていくのである。

つまり、アベノミクスで進められた大胆な金融緩和策は、そこへ向けて正しくすすんでいたはずなのである。

野党が本来すべきだった追及

話を外国人労働者の受け入れに戻すと、野党もどうせ追及するならば、いまのような理論をもって与党を追及すべきだった。

この法案改正が移民政策かどうかなどという、ズレた話をしている場合ではなかったのだ。

「雇用環境がせっかく良好なのに、この改正法案がどんな影響をもたらすのか」「賃金上昇の動きに水をささないか」という本質的な質問をすべきだった。「労働者の味方」を標榜するなら尚更だ。しかし、それがまったくできていなかった。

すでに日本には、少なくない外国人労働者がいた。実は安倍政権になってからも、すでに外国人労働者は70万人から130万人へと、60万人も増えていたのだ。

そのうち雇用環境に大きな影響を与えるとみられたのが、30万人の留学生アルバイトと25万人の技能実習生だが、安倍政権で増やしたのが、それぞれ20万人と10万人だ。

賃金が上がらずに喜ぶのは誰か

そこへさらに、2019年からの5年間で最大34万人を受け入れると決めたのである。賃金の動向を見る限り、そんなにあわてて外国人を受け入れるほど、本格的な人手不足になっていないと考えたのは筆者だけではないだろう。

賃金が上がらずに喜ぶのは製造や流通などの産業界だ。実際、政府方針は、産業界からの意向だけで進められていた気配がある。

賃金を上げたくないという産業界の願望に沿う形で、外国人労働者を受け入れたことが、ようやく動きはじめていた賃金上昇圧力を弱めてしまったとしたら、これほど無念なことはない。

繰り返しになるが、金融政策とは雇用政策であり、失業率の低下は経済成長とほぼイコールだ。

政権ができるマクロ経済対策の目的が雇用の確保である以上、それさえできれば及第点であるという考えは変わらない。

もし、あのまま賃金が上がっていたら、筆者がアベノミクスにつける点数は１００点だっただろう。

第4章 「日銀史観」が国を亡ぼす

忘れてはならない「黒田総裁以前」の黒歴史

中央銀行である日銀が、どんな役割を担い、日本の実体経済をよくも悪くも動かし、自分たちの日々の暮らしにどれだけ強い影響を及ぼしているか、ここまで読んで基本的なことは理解してもらえたのではないか。

正直、筆者は今の黒田体制の日銀のやり方にも大いに不満を持っており、言いたいことを文字にしたら、それだけで一冊の本が書けてしまうほどなのだが、それでも「黒田以前」の日銀の酷さというのは、まったく次元が異なるものだった。

どんなに景気が悪化しても、失業率が高まっても、自殺率が高まっても、インフレだけを極度に恐れ、緩和策を一切取らず、挙句の果てには「中央銀行はインフレをコントロールできない」という趣旨の発言を繰り返していた。

それでは日銀の存在価値などないと言っているようなものだ。しかし、それがあたりまえの時代が長く続いたのだ。

ここでは、そんな歴史の一部を振り返る。なにがあったかを知ったうえで、これからを「失われた時代」としないよう、一人一人が関心をもって中央銀行の金融政策を監視して行く必要があるだろう。

バブル時代の物価はそれほど上昇していない

若い世代の方は記憶がないと思うが、日本は1980年代半ばから90年代にかけて、「バブル」と呼ばれた時代を経験した。

バブル期というと値段がどんどん上がり、ものすごいインフレが続いていたと思っている方は多いと思う。

それは若い方がそう想像しているというだけでなく、その時代を実際に生きた中高年の世代にも、「いやあ、当時はものすごいインフレ状態だったんだよ」などと回想している人も多い。

しかし、バブル期とされる1987年～1990年の一般物価の物価上昇率は、実は、0・1～3・1％だったのだ。これを知らない人は意外に多い。

この数字を見ればわかるとおり、今の日銀が掲げるインフレターゲット「2％」と比べても同次元の範囲で、むしろ健全な物価上昇率といえる。「ものすごいインフレ」などでは実はなかったのだ。

たしかに、バブル期は資産価格である株や土地の価格が異常なまでに上昇した。株価のピークは89年末、地価は少しタイムラグがあって91年頃がピークだった。

バブル期に異様に高騰していたのは、物価ではなく資産価格だけだった。経済を考えるとき、「一般物価」と「資産価格」は切り離して考えなければならない。バブル期の実態は「資産バブル」だったのだ。

営業特金が横行していた時代

一方、当時はほとんどの企業が株式市場で資金運用をしていたが、中でも証券会社に運用を一任する「営業特金」と呼ばれた財テクが一般化していた。

これは、証券会社が利回りを保証したり、損失補塡（損失が出た場合に証券会社が保証する旨をあらかじめ契約すること）をしたりと、今では禁止されているものだが、当時は法の不備を突いた抜け穴として横行していた。

そこで大蔵省は、大蔵省証券局通達「証券会社の営業姿勢の適正化及び証券事故の未然防止について」を１９８９年12月26日に出し、営業特金を事実上禁止した。

事実上というのは、厳密には自粛なのだが、これは法改正をしていると時間がかかってしまうからだった。

というのも、この通達を起案したのは実は筆者である。上司から「法改正できるか」と聞かれ、「１～2年かかってしまいます」ということになり、１～２カ月でできる通達という方法で対処したのである。

結果、その年のピークには3万８９１５円をつけた株価は、90年代終わりにかけて２万３０００円くらいまでに下がっていった。

90年3月に日銀が犯した大失敗

さらに90年3月、大蔵省銀行局長通達「土地関連融資の抑制について」を出した。不動産向け融資の伸び率を、総貸出の伸び率以下に抑える措置だった。いわゆる「総量規制」と呼ばれたものだ。これで地価も下落した。

先述したように、「資産のバブル」の「資産」を冷え込ませたのだから、当然ながらバブルは沈静化していく。これでわが国のバブルは消えたわけだが、問題なのはここからだ。

当時の日銀が同じ時期に、金融引き締め（利上げ）をしてしまったのだ。これがバブル処理における致命的な失敗だった。

具体的には、1989年5月に公定歩合（政策金利）を2・5%から3・25%に引き上げ、さらに同年10月も引き上げた。

バブル期に異様に高騰していたのは、株価と土地だけで、一般物価は健全な状態だったのに、中央銀行がそれを分析できずに歴史的な失敗を犯したのだ。これがバブル後遺症を20年も長引かせたのである。

そもそも、バブルの原因は金融緩和ではなかった。一般に、バブルの原因は、プラザ合意後の低金利政策にあったと考えている人が、識者の中にも多くいるようだが、そうではない。

物価に「株」や「土地」は含まれないはずだが……

日本のバブルは資産バブルであり、それを生んだのは、税制の抜け穴を利用した営業特金や土地転がしで、資産売買の回転率が異様に高まったからである。日銀はこのとき、あきらかに原因分析を誤ったのだ。

一般に、中央銀行は「物価の番人」「通貨の番人」などと呼ばれるが、その「物価」には「株」や「土地」などの資産価格は含まれていないはずだ。

存在目的である物価の安定を気にするのであれば、本来は消費者物価指数のような一般物価を監視しながら対処すればよかったのだ。

それをなぜか、株や土地など資産の高騰を、自分たちの金融緩和の失敗のせいだと勘違いしてしまったわけだ。

「平成の鬼平」を持ち上げたマスコミの罪

89年の3月と10月、2度の公定歩合の引き上げを行った日銀に、日銀生え抜きの三重野康氏が同年12月、新総裁として就任。就任直後の12月に3度目の引き上げ、90年3月に4度目の引き上げを敢行した。

そして、株式市場も不動産市場も、これ以上ないというほど冷え込み、マネーストックは急激に減り、バブルもほぼ沈静化した同年8月、なんと三重野総裁は第5次引き上げを行うという暴挙に出たのである。これにより公定歩合は6%となった。

そもそも、株や土地の値上がりに対し政策を実行するのなら、対応すべきは日銀ではなく、大蔵省や国土庁だっただろう。

しかし、このとき三重野氏は、マスコミから「平成の鬼平」などと祭り上げられ、自

1994年、金融研究会で講演する当時の日銀総裁・三重野康氏（写真：朝日新聞社）

分こそが通貨の番人であるとして、総裁人生を謳歌していたのかもしれない。その意味で、マスコミの罪も大きいと言わざるを得ない。

この第5次引き上げが暴挙であっただけでなく、さらに大きな問題は、つぎに公定歩合を6%から5・5%に引き上げるまで、91年7月まで待たなければならなかったことだ。あまりにも遅れた対応だった。

これだけタイミングが遅れてしまうと、その後に0・5%ほど引き下げても、景気の回復につながるものではない。その後、「失われた20年」が続くことになるのは周知のとおりである。

大蔵省と日銀の「文化の違い」が生んだ悲劇

こういう話をすると、「三重野総裁はなぜそこまで引き上げにこだわったのか」と不思議に思う人は多いと思う。

これは、一般の方には理解しにくいことだと思うが、背景にある日銀と大蔵省の「文化」の違いにある。

誤解を恐れずに、わかりやすく言ってしまうと、日銀には伝統的に「引き上げは正しい」とする文化、もしくはDNAのようなものが引き継がれていて、大蔵省は「引き下げを良し」とする傾向があった（もちろん一概には言えないが）。

日銀は「物価の安定」を重視しているため、ときに「物価が上がらなければいい」という思考になってしまうこともある。

他方、大蔵省は、景気への配慮から「もう少し引き下げられないか」などと日銀に求めることも多く、その要請を飲んだ日銀側の中には、「大蔵省に負けた」などと考える傾向があったのも事実だ。

国民を置き去りにしたバカげた対抗意識

実際、日銀の中には「あの総裁になってから2勝1敗だ（2度引き上げて1度引き下げたという意味）」などと話す人もいたという。その論でいえば、三重野氏は「3勝1敗」ということになるのだろうか。

しかし、そんなバカげた対抗意識は国民にはなんの関係もない話だ。国民の生活経済をおきざりにし、組織内の〝正義〟で悦に入りながら、日本国を衰退に導いた三重野総裁の罪ははてしなく重いと言わざるを得ない。

何度も言うようだが、マクロ経済政策の目的は雇用の確保だ。最大の眼目は失業率を減らして雇用を確保することにある。

それさえできれば、次のステップとして所得が増えていく。

物価を上げさえしなければ良しという理屈は通用しない。このような総裁を二度と許してはいけないのだ。

真っ当な経済理論が通用しない「日銀理論」

このように、奇妙な金融理論、奇妙な金融政策が日銀には伝統的に受け継がれる傾向がある。筆者はこの理解しがたい考え方を「日銀理論」と呼んでいる。

この思考に凝り固まっている人には、どんな経済理論も統計学の常識も通用しない。

これまで本書で繰り返し述べてきたように、今の日銀が第2次安倍政権からスタートさせた金融政策は、金融緩和によりマネタリーベースが増加すると期待インフレ率が高まり、いくつかの過程を経てマネーストック（世の中に出回っている貨幣）を増やすということだ。

日銀がインフレをコントロールできないという大ウソ

マネーストックとインフレ率には強い相関性があると考えられ、「マネーストックが2年後のインフレ率を決める」というのは、個々人がどんな経済理論を推奨しようが、統計学の常識として否定できない。

しかし、「日銀理論」で語る人たちは、マネタリーベースを増やしてもマネーストックはコントロールできないとの主張を展開するのだ。これは事実上、日銀がマネーストックをコントロールできないと言っているのと同じだ。

そうなると、筆者がいうところの「2年後のインフレ率」にまで話がたどりつけない。それでは議論もできるはずがない。

通貨の番人である日銀が、インフレをコントロールできないと同義のことを言ってしまうのも奇妙なことだが、これが現実なのだ。

早期に「日銀理論」に異を唱えた人物

この奇妙な日銀理論にもっとも早い段階で異を唱えたのが、2013年に日銀副総裁に就任した岩田規久男氏だ（2018年退任）。

多くの経済学者が内心おかしいと思いながら、表立って批判してこなかったこの「日銀理論」に、岩田氏は90年代から異議を唱え続けていたのだ。

当時、上智大学の経済学部教授だった岩田氏は、先述した90年代におけるバブル潰しのための三重野日銀の引き締め策を問題視し、1992年9月12日号の『週刊東洋経済』誌上で、「日銀理論を放棄せよ」とのタイトルで、日銀の金融政策を批判した。

これに対し、当時の日銀調査統計局企画調査課長だった翁邦雄氏が、同年10月10日号の同誌で「『日銀理論』は間違っていない」とする論文で反論した。

その後も岩田氏が「ベースマネー（マネタリーベース）供給増は可能」との記事を日本経済新聞の同年12月24日紙面で展開し、それを受けて翁氏が「政策論議を混乱させる実務への誤解」とする解説記事を同月26日付『週刊東洋経済』で展開した。

翁氏はその後も『週刊東洋経済』と日本経済新聞に論文を発表している。

経済学者が正面から四つに組んで論争をするということは、欧米ではともかく、日本では極めて珍しいこととして注目されたし、筆者も注目した。

この議論は「岩田・翁論争」（翁・岩田論争）あるいは「マネーサプライ論争」として今も語り継がれている。

ちなみに、マネーサプライとは2008年まで日銀が使っていたマネーストックの旧称だ。「サプライ」すなわち供給することはできないということのエクスキューズなのか、今は「ストック」という言葉に変えている。

岩田氏は、当時の三重野日銀の矢継ぎ早の公定歩合引き上げに対して、このままマネーサプライが減り続ければ、危機的な景気後退を招くとして、マネタリーベースを増やすべきと主張した。

対して翁氏は、日銀はそもそもマネーストックをコントロールすることはできないと反論。これは先述したとおり、中央銀行がインフレをコントロールできないと同義であると筆者は理解した。

貨幣数量説を事実上否定

さすがに、日銀の人間が「インフレ率をコントロールできない」などというと、日銀法に抵触することにもなるので、「マネーストック」というワードで論点をそらしたとみていいだろう。インフレ目標を頑なに拒否してきた日銀の本性がここに出ている。

岩田氏はこれに対し、「ならば日銀など不要ではないか」と反論し、日銀の存在意義とバブルに対する日銀の責任を強く問うた。

当時の関係者がこの論争に注目したのは、経済学者の誌上論争が日本では珍しかったというだけではない。

翁氏の主張の内容が、貨幣数量説（一般物価はマネーサプライと生産量との相対的な大きさによって決まるという考え方）を事実上否定するものだからだ。

言うまでもないが、翁氏の発言は日銀のオフィシャル発言に限りなく近い。日銀がほぼ公式に貨幣数量説を否定したに等しいのだ。

異様に映った翁氏の論調

この論争自体は、後に日銀審議委員になる植田和男東大教授などが間に入り、1993年には一応の終結を見る。

植田教授は、「マネーストックは短期的にはコントロールできないが、長期的にはできる」として、両者を立てた形での裁定でまとめている。大岡裁きならぬ、植田裁きと言われたものだ。

しかし、この裁定もおかしな話で、数日とか数カ月でコントロールできないのは当然として、1年や2年でできるのであれば、それは金融政策として「コントロールできる」という意味ではないだろうか。岩田氏だってなにも「3日あればできる」などと主張していたわけではない。

頑なに「コントロールできない」との姿勢にこだわる〝日銀代表〟の翁氏の論調は筆者の目には異様に映ったし、強い違和感を覚えたのも記憶している。

マネーストックのコントロール

30年前の論争のキモである「マネーストックのコントロール」の話は、実はそれほど難しくはない。

図8　マネーストック・マネタリーベース・信用乗数の関係

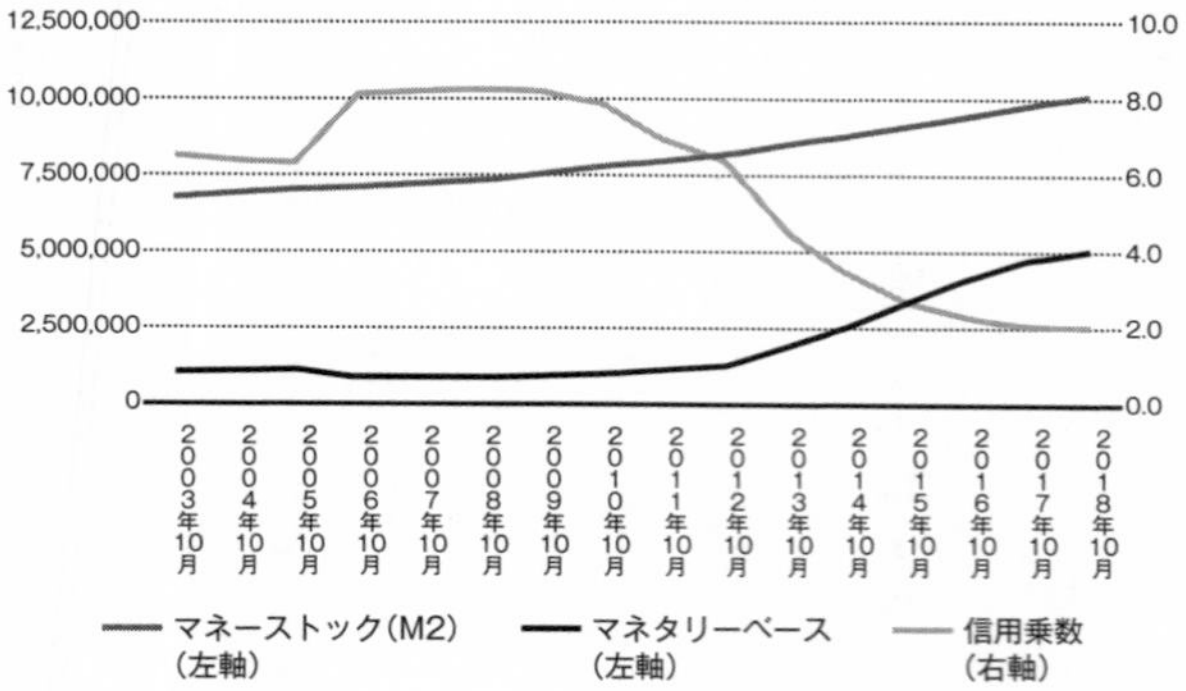

数式もシンプルでわかりやすいので、いい機会なので読者にも知ってもらいたい。左記のとおりだ。

《マネーストック＝信用乗数（k）×マネタリーベース》

《信用乗数＝マネーストック÷マネタリーベース》

これをグラフにすると図8のようになる。「k」は景気の変動によって値が変化するので、この「k」がどう動くかを推計しながら、マネタリーベースを増減し、マネーストックをコントロールする。

マクロ経済学に親しんでいない人に説明する際、筆者はよくこれを車の運転にたとえている。

つまり、運転手が中央銀行の金融政策、アクセルがマネタリーベース、スピードがマネーストック、道路の状態や雨や風などの天候が景気の状況である。

たとえば、「時速70kmで走りなさい」と言われたら、運転手は「このくらいの踏み具合が70kmかな」と考えながらアクセルを踏む。

しかし、高速道路とガタガタ道では、アクセルの踏み具合も変わってくる。向かい風が強いようなら、いつもより強めに踏まなければならない。

同じ70kmをキープするにも、状況によって違うアクセルの踏み具合を求められるということだ。

普通の中央銀行なら難しくない仕事

そして、それを長年の経験やデータで判断するのが運転手、すなわち日銀の金融政策ということになる。

仮にバブル期と比べて2分の1程度のスピードしか出ないのであれば、2倍の強さでアクセルを踏めばいい。

すなわち、マネタリーベースを通常の2倍くらいのさじ加減で行うと、マネーストックは調整できるということだ。

「k」が変動するといっても、このくらいの動きなら海外の中央銀行の例でも、それほどテクニカルな話としては認識されていない。普通の中央銀行であれば難しい仕事ではないだろう。

ましてや、日銀のバンカーは金融政策のプロであり、運転でいえばトップクラスのプロドライバーであるはずだ（そうでないと困る）。

この程度の「k」の変化は、豊富な経験とたしかな技術、優れた状況判断を駆使して運転できるに違いない。

ちなみに、「k」が今現在どのくらいであるのかについては、その前の3カ月の「k」の値から推測することができる。

世界経済という車の流れに乗り遅れた日本

以上を鑑みれば、中央銀行の日銀がマネーストックをコントロールできないという理屈は通用しない。数字や公式はウソをつかないのである。

言い換えれば、運転手次第で車の走る速度や方向は変わってしまう。「もっとアクセルをふかさないと」とせかしても、「もう十分ふかしていますから（もう十分に緩和はしていますから）」と言われたり、そもそも「アクセルなんてふかしてどうするの」などと返されたりしたら、運行そのものが行き詰まる。

「とにかく事故さえ起こさなければいい」（物価が上がらなければいい）と言いながら、周りの車が70kmや80kmで走っているのに、40kmでのろのろ走っていれば、座席に座っている人はみんなに抜かされて幸せになることはない。

世界経済という車の流れに乗り遅れ、賃金も雇用も20年、30年変わらないということになるわけだ。

図9　マネタリーベースと日本銀行の取引

年・月 period	長期国債 （億円）
2016	786,345
2017	578,570
2018	375,962
2019	158,308
2020	233,702

2016年から急ブレーキがかかった

２０１２年12月に発足した第２次安倍政権以降、マクロ経済政策による緩和策を続けてきた「黒田日銀」だが、その現在の日銀にも少し言及しておきたい。

その第２次安倍政権からスタートした日銀の異次元緩和だが、２０１６年から大幅なブレーキがかかっていることに気づいていない人も多い。

新聞は連日のように「黒田日銀が引き続き緩和を継続」と伝えているのでなおさらかもしれない。

しかし、上の図を見てもらうとわかると

おり、それまで80兆円規模で進めてきた国債購入のペースが、２０１６年を機にガクッと落ちているのがわかる。

これは、「イールドカーブ・コントロール」を導入したからだ。

具体的には２０１６年９月、日銀が「長短金利操作付き量的・質的金融緩和」の導入を決定。この「長短金利操作」の部分がイールドカーブ・コントロールを指す。

イールドカーブとは、債券の利回り（金利）と償還期間との相関性を示したグラフで、利回り曲線とも言う。

イールドカーブの特徴として、グラフの傾きが大きくなるパターンを「スティープ化」、傾きが少なくなるパターンを「フラット化」と言う。

日銀はこれまで、アベノミクスで大胆な金融緩和を行っていたため、イールドカーブはフラット化が進んでいた。

フラット化の影響で、長期債券の利回りが下がり、民間金融機関の経営が圧迫されていたことは事実だ。

しかし、インフレ目標がまだ達成できていない中、２％に届くまで緩和を続けたい黒田総裁は、緩和とセットでイールドカーブ・コントロールを実施。フラット化したイールドカーブのスティープ化を進めることにしたのだ。

金融業界の要請に応えたものなのかわからないが、これでは日銀は国債の買い入れに向けて、自らの手を縛っているようなもの。事実上の引き締めと同じだ。

当然ながらここ最近は20~30兆円規模にまで激減している。

政府もマイナス金利なのに必要な国債発行をサボっており、日銀は日銀で、イールドカーブ・コントロールにこだわって必要な国債発行を政府に働きかけず、量的緩和をサボっている。2%の達成は見えてこない。

政府による国債発行と日銀による量的緩和という基本に立ち返り、一層の緩和に向けて舵を切り直してほしいというのが率直な願いだ。

消費増税論者の主張は正しいのか

本章の最後に消費税についても少し触れておきたい。

というのも、本書は日銀の役割や日銀の仕事と国民生活とのつながりを平易に記したものだが、日銀の金融緩和策（国債購入）を批判する人の中には、次の主張をする人が多い。

「日本は1000兆円の借金を抱えて財政が破綻する寸前だ。したがって財政の健全化のために消費増税もやむなし」

「少子高齢化の日本では社会保障の財源が足りない。ゆえに消費増税もやむなし」

結論からいうと、この論は2つとも誤りなのだが、こういうことを言う人たちは、「財政破綻」を理由に、政府のこれ以上の国債発行と日銀の買い入れに批判的だ。

つまり、これまで書いてきた日銀のマクロ経済政策により金融緩和策の必要性を理解するには、消費税にまつわる議論の、何がウソで何が本当かも知っておく必要があると考えるのだ。

消費税というのは不思議なもので、財務省の洗脳がよほどうまくいっているのか、わりと経済に詳しいと認識している人でも「まあ、そうはいっても借金まみれの日本だから、消費税はしかたないよね」「欧米はもっと消費税が高いし」などと、ものわかりのいいことを言うのだ。

誤解のないようにいうと、筆者はなにも、消費税が「制度として悪だ」などと言っているわけではない。

実は消費税というのは、理論的には優れた税制だし、徴税コストも低く、脱税しにくいという特徴もある。

ただ、日本の経済の状況を考えれば、「今ではない」と言っているだけだ。

そのうえで、財務省の巧妙な説明に騙されないよう、消費税について最低限知っておくべきことをここで確認していければと思う。

「財政破綻」は消費増税の根拠にならない

消費税を議論する際に、必ずといっていいほど出てくるのが、ここでも書いたが「財政破綻論」だろう。

これについては、本書2章で、日本の財政状態を「政府」と「中央銀行」を合わせた統合型のバランスシート（B／S）で見れば、「資産」と「負債」の両方を見ることで、資産が負債を上回っていることが一目瞭然となる。

財政破綻を唱える人は負債の部分しか見ていないで騒いでいるだけ。簿記の基礎を少しだけ学んで見直せば、何も問題がないことがわかる。

これで「財政破綻論」への答えは終わりなのだが、いい機会なのでもう一つ付け加えるなら、ＩＭＦ（国際通貨基金）もそれを証明してくれているのだ。

ＩＭＦが２０１８年10月に、各国の中央政府、地方政府、中央銀行などすべてを合わせた国全体のバランスシートを、国際比較する形でまとめて発表している。

ＩＭＦのホームページでも公開されていると思うので、興味のある方は見てみるといいだろう。

ここでは結論を言ってしまうが、日本の純資産（資産から負債をひいたもの）はほぼゼロで、「借金まみれ」「破綻寸前」というのが誤り（というかウソ）であることがわかってしまう。

わかりやすくいうと、借金も多いが資産も多く、財政状況は健全だ。Ｇ７でもっとも財政状況がいいのがカナダで、日本は2番目だった。

ということは、「財政破綻」を理由に消費税を議論する必要は、もうこの段階でないのである。

時代に合わせた「福祉のため」という暴論

一方、近年よく耳にするようになったのが、「社会保障のための消費増税」というものだ。財政破綻の虚構がバレはじめてきたので、「お年寄りのため」「福祉のため」的な言い訳なら国民も納得しやすいと考えたのだろうか。

少子高齢化で年金や医療などの社会保障費が足りないから、消費税を上げましょうというのだが、これもおかしな話だ。

年金や医療は、税方式ではなく「保険方式」で運営されるべきもの。日本の制度設計もそうなっている。保険とは保険料で成り立つシステムで税金とは関係がない。

日本は国民皆保険制度なので、国民は社会保険料を払う義務という意味で、保険料は実質的には税金だ。しかも、社会保障限定で使われるという目的税である。

しかし、消費税は何にでも使える一般財源だ。「社会保障目的税化」という議論自体が制度のあり方として間違いなのだ。

とにかく財務省は、消費税を上げる理由を、時代に合わせてその都度変えてくる。そのロジックに惑わされないよう、理論を固めておくことが大事だ。

四半世紀で過去4番目に悪い数字をたたき出した

こうした中、２０１９年10月に、消費税が10％に引き上げられたのは、日本経済全体のためにも大きな誤りだった。

アベノミクスを旗印に、日銀が金融緩和策を続けながら、インフレターゲット２％に徐々に近づけてきた動きが、まず14年４月の８％増税で腰砕けになり、さらにこの２度目の増税で台無しになったといえる。

10％増税の直後の２０１９年10～12月期のＧＤＰは、前期比マイナス１・６％、年換算でマイナス6・3%というひどい数値となった。

これは5四半期ぶりにマイナスである。特に民間部門と公的部門では、民間需要がマイナス11・1%と最悪で、公的需要で少しだけ戻した形だった。

ここ四半世紀における各四半期、すなわち過去100回の四半期の成長率を調べてみたところ、この10%増税後の数値はワースト4だった。その5つを並べてみると左のようになる。

①2009年1－3月期：17・7%減（リーマンショック）
②2008年10－12月期：9・4%減（リーマンショック）
③2014年4－6月期：7・4%減（3%消費増税）
④2019年10－12月期：6・3%減（2%消費増税）
⑤2011年1－3月期：5・5%減（東日本大震災）

まさに経済史に残る〝事件〟となってしまったわけだ。5つのうち、リーマンショックと東日本大震災は外的な要因であり、政府の責任ではない。

しかし、消費増税は政府の政治判断だ。「上げれば絶対に景気は悪化する」「アベノミクスは停滞する」と言われ続け、そのうえで決断して景気を悪化させたのだから、弁解のしようもないだろう。

しかも、順位的にはワースト4ということだが、実質はワースト3だ。前回は3％増税だったのに、2019年は2％だ。

3％と2％の違いを加味して比べて見れば、19年のほうが事態は深刻なのだ。

なぜIMFが「消費税15％」を提言するのか

IMFが2018年10月のレポートで、日本の財政の健全性を示したということは、すでに述べたとおりだ。

その一方で、IMFのゲオルギエバ専務理事が2019年11月に来日し、医療・介護などで増える日本の社会保障費を賄うため、2030年までに消費税率を15％に上げる必要があるとする報告書を麻生太郎財務相に提出している。「30年までに15％」と、明確に期限を明記して増税を促した形で、さらに「50年までには20％への増税が必要」とするものだった。

これより前の２０１８年9月のＩＭＦ報告書では、「段階的な15％への引き上げ」も提言しており、このゲオルギエバ専務理事の報告書は、いわばそれに追い打ちをかけた形だ。

概して日本人は外圧に弱いところがあり、こうしたニュースを一般の人が聞くと、「信頼できる国際機関が言っているのだから間違いないのかもしれない……」と思ってしまいがちだ。実際、日本のメディアもそうした論調で報じることが多い。世論はこうして形成されていくわけだ。

ＩＭＦのホームページには、組織の責務が国際通貨制度の安定性の確保であるとしたうえで、「ＩＭＦが各加盟国の経済・金融情勢をモニタリングすることを通じ、経済・金融不安につながる、またはつながりかねない脆弱性を突き止めること」を方法の一つとしており、そのことがＩＭＦ協定の第４条にうたわれていることから、国別のサーベイランス（政策監視）を「4条協議」と呼ぶと記している。

しかし、IMF4条協議の実態を知れば「なるほど、そういうことか」と腑に落ちるはずだ。というのも、4条協議のスタッフの中には、財務省から出向した日本人の職員が参加しているのが一般的だからだ。

実態は財務省の言い分を代弁しているだけ

実際、筆者も官僚時代に4条協議に参加したことがあるが、サーベイランスの作業の中では、日本の内閣府や財務省などの担当者らが、IMFのスタッフに日本経済の現状をブリーフィングするというのが実態だ。

必然的に、IMFがまとめるレポートの内容は、財務省などの意向が織り込まれたものになる。

財務省の言い分を、国際機関が代弁し、外圧として日本国民の思想に刷り込んでいると考えればわかりやすい。

ＩＭＦにしたところで、日本政府の意向に背く内容を、政治リスクを負ってまで強行して提言するところまではしたくないだろう。

そう考えれば、ＩＭＦの理事が日本の財務相に「消費税を上げましょう」と提言する構図は、わりとすんなり理解できるのではないか。

「ワシントン発」ニュースのからくり

さらにいえば、日本の経済担当の記者がワシントンを取材し、「ＩＭＦ発信のニュース」として出すときは、ソースがＩＭＦ理事室であることがしばしばだ。

英語が得意でない日本人が理事室へ行くと、そこには財務省から出向してきた日本人職員が対応し、記者の取材に対応してくれる。

なんのことはない、日本人記者が日本の財務省を取材し、財務省の意向を「ワシントン発」として配信しているだけ、というケースは多いのだ。

そうでなくても、財務省は次の消費増税の機会を常に狙っている。

安倍前総理は10％に引き上げた際、「今後10年は上げる必要がない」と発言しているが、その後に退陣して今は菅政権だ。

そんな発言は、あと数年もしたら国民は忘れていることを財務省は知っている。前総理の発言など、現役官僚は気にもしていないに違いない。

外圧を利用する財務省の狡猾さに注意せよ

財務省が狡猾なのは、省や大臣が単独で増税を煽るだけでなく、このように国際機関を通じた外圧を利用したり、国内にも増税論を支援してくれる〝援軍〟を各方面に構築したりしていることだ。

その一つが財界だ。先述したとおり、近年の財務省は増税の理由を「社会保障のため」とする論陣を張っている。

社会保障の財源が足りないならば社会保険料を上げればいい話だが、労使折半の社会保険料を上げることになると、企業側の負担も増えてしまう。

保険料を引き上げたくない財界に対し、財務省は法人税の減税を持ちかけて自分たち側に抱き込んでいるという構図だ。

そして、財界以上に強い援軍が、国民世論を形成するうえでもっとも大きな力を持つマスメディアだ。財界への「アメ」が法人税減税なら、メディアに対しては軽減税率や新聞再販の保護などがある。

消費増税を前のめりに報じてくれる大手新聞は、財務省の広報紙のような存在といえる。財務省の元高官が大手メディアに天下りするケースも少なくない。

組織的に消費増税を支援するという構図が、すでに日本社会にできあがってしまっているのである。

こうした中で国民に必要なのは、一人一人がマクロ経済感覚を持ち、データとロジックでものごとを考える習慣をつけることだろう。

高橋洋一（たかはしよういち）

1955年東京都生まれ。数量政策学者。嘉悦大学ビジネス創造学部教授、株式会社政策工房代表取締役会長。東京大学理学部数学科・経済学部経済学科卒業。博士（政策研究）。1980年に大蔵省（現・財務省）入省。大蔵省理財局資金企画室長、プリンストン大学客員研究員、内閣府参事官（経済財政諮問会議特命室）、内閣参事官（内閣総務官室）等を歴任。小泉内閣・第一次安倍内閣ではブレーンとして活躍。「霞が関埋蔵金」の公表や「ふるさと納税」「ねんきん定期便」などの政策を提案。2008年退官。同年に『さらば財務省！』（講談社）で第17回山本七平賞受賞。その他にも、著書、ベストセラー多数。

給料低いのぜーんぶ「日銀」のせい

著者　高橋洋一

２０２１年６月25日　初版発行
２０２１年８月10日　２版発行

発行者　横内正昭
編集人　内田克弥
発行所　株式会社ワニブックス
〒１５０－８４８２
東京都渋谷区恵比寿４－４－９えびす大黒ビル
電話　０３－５４４９－２７１１（代表）
０３－５４４９－２７３４（編集部）

装丁　橘田浩志（アティック）／小口翔平＋後藤 司（tobufune）
編集協力　浮島さとし
校正　東京出版サービスセンター
編集　大井隆義（ワニブックス）

印刷所　凸版印刷株式会社
ＤＴＰ　株式会社 三協美術
製本所　ナショナル製本

ISBN 978-4-8470-6659-7
ワニブックスHP　http://www.wani.co.jp/
WANI BOOKOUT　http://www.wanibookout.com/
WANI BOOKS NewsCrunch　https://wanibooks-newscrunch.com/